謝仕淵

著

石暘睢

成為臺南

府城文史活字典石暘睢

Contents

目錄

Contents

目錄

Contents

目錄

圖目次

Contents

目錄

表目次

市長序

為臺南文史奉獻的石暘睢

　　走在臺南市的街道上，古蹟與歷史遺構不斷進入民眾的視野，博物館中的藏品，每個物件都構成臺南人的文化基因。臺南之所以是臺南，時間只是一個充分條件。此中，文史工作者與研究者對這段歷史所做的努力，才是臺南之所以成為臺南的理由。

　　本書作者謝仕淵為臺南市政府文化局局長，同時也是成大歷史學系副教授，過去曾任國立臺灣歷史博物館副館長，具有相當的文化行政與策展經驗。研究領域為臺灣近現代史、運動文化、物質文化與飲食文化等生活史領域，著作成果豐富而多元。

　　謝老師以三章約十萬字左右的篇幅，考究石暘睢先生從青年時期即萌發的文史研究意志，以發掘文物的文史意義為起點，

旁及當時代人的交遊，並將其功績置入臺灣早期博物館學奠基
的歷史脈絡，成功刻畫石暘睢為臺灣文史奉獻一生的飽滿形象。
本書作者學問專精，筆下內容無不有理有據，更可貴的是謝老
師文風清朗，敘述簡明，文字極具可讀性。讀者在閱讀的過程
中，必然可以感受石暘睢先生身為石家後人的自信自傲，體會
其人為臺灣早期文史研究領域帶來的卓著貢獻。

臺南市政府過去在 2017 年出版《海盜・香火・古港口：臺
南研究先驅黃典權紀念專書》，再於 2021 年出版《國分直一與
臺南：不是灣生的灣生》，二書聚焦之人物，在臺南早期文史
研究的領域，皆與石暘睢有或深或淺的學術因緣。本書之出版，
一定程度補足了臺南早期文史研究前輩的行伍，昭示臺南可以
有如此深厚的文化底蘊，除了歷史積累的充分條件，更是因為
這些學術研究的前行者，世代接替持續挖掘獨屬於臺南的文化
陳跡，耙梳故紙文獻，雖然起點是源於地方文化視野，成果卻
促成了文物的公共性，並直接催生了臺灣的博物館建設。石暘
睢除了本身戮力於文物意義的詮釋與轉化，整個石氏家族也是
他的後盾，正如本書作者所言：

「石鼎美的歷史，郊商的故事，石家的相關文物，經過石
暘睢的手，傳承給兒子，再成為國家的公共化文化資產，然後，
這些祖先畫的修復，而後又是由石家姻親後人一手促成，橫跨
近兩百年的臺南歷史，每一個傳承，都有一個石家的子孫讓歷
史可以保留，臺南才能一直是古都。」

在臺南 400 年的前夕，本書的出版實在意義非凡。諺語裡

的「一府」，指的除了是數量上的一，也是唯一，更是第一。

臺南市長　黃偉哲

作者序

成為臺南：
府城文史活字典石暘睢

　　書寫石暘睢，是一連串巧合的結果。

　　2006 年左右，我當時任職於國立臺灣歷史博物館，有個文物捐贈的通報，說是日治時期林百貨的陳列櫃，想要捐給臺史博，於是我便前往永康某個工廠倉庫，看見那個被人刻意留下來的櫃子。

　　那時，我認識了日治時期曾任職於林百貨的石允忠先生，他告訴我許多年輕時任職於林百貨的故事。後來的十幾年，我便經常有機會跟他見面，有時在臺史博、有時在京園日本料理，我喜歡聽他聊過往的見聞，後來，他還把父祖傳下的珍貴文物，分別捐給了臺南市政府文化局與「臺史博」。

　　我初次接觸跟石暘睢相關的線索，並沒有特別留意，石先生說，自己的父親被人稱為「活字典」，我也在石家藏書中看

過石暘睢的落款，不過當時我未曾留意。

　　一直到 2013 年前後，臺史博開館不久後，出於歷史研究者對於歷史脈絡與歷史詮釋的敏感性，我開始爬梳臺灣博物館史的脈絡，那時固定的兩種理解博物館史的脈絡，一個是國立臺灣博物館所代表的殖民現代性，另一個則是故宮博物館與國立歷史博物館，代表戰後的中華文化在臺灣的脈絡。

　　我幾乎立刻就覺得臺灣博物館史乃至於臺灣研究的在地行動，是可以對話與修正的議題，那時我從之前因展覽調查，而到鄭成功文物館（今臺南市立博物館）的庫房進行文物調查的過程中，了解至少在 1920 年代中晚期左右，臺南就有一群在地的文化工作者，他們以臺南文化三百年的活動之名，開始了有系統的調查並且透過博物館展示的方式，將文物放在一個特定的知識系統中展示。

　　這場相當具有活力的行動，時而與時局拉扯，當然也深受個人興趣所影響，與現代學術活動之間進行了對話，這個社群，大約持續活躍了三十年左右的時間。他們所調查的文物現在還在臺南，這場擴延的範圍也包含了臺南縣的集體調查活動，其中的關鍵人物就是石暘睢。

　　我那時開始追問起石允忠先生關於父親的事，也在文史調查社群的第二代之中，尋找書寫這段故事的必要史料。從最初的追尋到這本書的完成，大約經歷了十年的歷程，構成故事該有細節的素材不多，許多片段的拼湊，有時靠機緣。

　　透過這本書，我想為臺灣博物館史、臺南研究乃至於本土

的知識社群等議題，添加一點新的理解。他們的貢獻，並不必然從現代學術的角度檢驗，但前輩們開始從臺南自身的脈絡理解自己的歷史，這樣的故事，對於臺灣近現代史的發展而言，還是有些啟示的。

　　這本書的完成，要感謝石允忠先生、黃天橫先生及其公子黃隆正、林錫田先生、連風彥先生以及石暘睢先生的後人潘思源先生。並且感謝過去協助我整理石暘睢資料的嚴麗、王麗菡、王佩穎等諸位小姐。

　　　　　本書作者／臺南市政府文化局　局長

推薦序

憶念　石暘睢　舅公

　　猶記曩昔兒時，屢隨外祖母石秀（舅公妹妹）返臺南省親，雖已為 60 年前之陳年往事，然記憶猶新，回味無窮。

　　舅公出身清道光時期臺南郊商望族，先祖石時榮故居（今西門路 2 段）占地即有 5,400 坪之譜，族繁丁旺曾盛極一時；然至第五代暘睢 1898 年出生時，家道已然中落，今非昔比。

　　我每次和外祖母去探望舅公，都是到赤崁樓的「蓬壺書院」，彼時他都住於名為書院實為陋室之老房子，滿室書香，滿口文史典故且飽讀經書，儼然典型書癡／生，讓從小就鍾愛文史的我，充滿敬佩和憧憬之情，期望此生能以「教書、寫書、看書」三書為志業。後果然考入政大中文系圓夢，惜意志不堅改行從商幸略有所成。

　　他曾哄我赤崁樓之大古井能直通安平古堡，要我長大後

去「考古」。及長，方知此數公里長之「夢幻海底隧道」，自300多年前明鄭時代起，即不停地在民間流傳，代代相傳，無人不疑。

　　摯願以此書奉呈給我在天堂的舅公和外祖母！

姻親孫　　儲思源

簡誌為序

緒論

　　今日在臺南隨處可見的古蹟古物，如赤崁樓、大南門碑林甚至臺南市立博物館的典藏，都是我們今日去了解臺南歷史甚至臺灣歷史的重要文化資產，但這些資產能夠存留至今，不僅是來自政府與學界的力量，在臺南，近百年前，一個文史社群的隱然成形，往後他們三十年的努力，用民間的力量，留下歷史，也彰顯了臺灣歷史文化的記憶，由民間自己來寫的價值。其中的核心人物之一，就是石暘睢先生。

　　本書藉由針對石暘睢及其同時代的文史調查事業之再梳理，亦可視為臺灣博物館史或臺灣史學史的討論課題。凸顯石暘睢及其同時代的調查活動，可以展現臺灣歷史文化記憶的書寫與傳承，其實有一股由下而上的力量。晚近的本土論述中，指出臺灣史研究於學院的蓬勃發展，孕生於臺灣社會民主化與

本土化的背景，藉此批判 1980 年代以前，政治社會因素對於臺灣研究的打擊。強調被壓迫歷程，可提供晚近 30 年臺灣文史研究存在的正當性基礎。然而，必須了解如此的論述策略，必然關注或者強調戰後去日本化與中國化的文化政策對於臺灣研究的影響，但穿梭於其中，如石暘睢及其同時代的文史工作者們，就顯然容易被遺忘。

1937 年，臺南州臺南市歷史館成立，石暘睢被聘為「雇」，為博物館正式職員，此後一直任職於臺南市歷史館。戰後，石暘睢正式的職務為臺南市文獻委員會委員，兼採訪組組長，負責管理臺南市歷史館。石暘睢此後一直在臺南市歷史館服務，直至 1961 年退休，後於 1964 年 3 月因病辭世。

橫跨日治時期與戰後初期，如同石暘睢、莊松林、吳新榮、陳春木等臺南地區文史研究者的調查與展示活動，顯然受惠於日治時期與戰後初期的歷史學、考古學、古生物學與地質學等知識，例如接受金關丈夫、方豪等人在研究方法上的指導，但他們關心的對象，及其所立基的位置，自始至終都具有顯著的地方文化視野。

在同儕之間被稱為「活字典」的石暘睢，受惠於在臺日人如村上玉吉等的啟發，因此在都市計畫如火如荼開展的臺南市，進行石碑調查，將之保存在今赤崁樓與大南門外等地，並於物件調查時，保留了不同歷史層理中的空間訊息，給予追索從當代回溯日治、清領等階段，地方歷史變遷的重要線索。在皇民化運動的脈絡下，他對肖像、匾聯、神像等進行廣泛的調查，

留下重要的文化資產。而其在挖掘李茂春墓與洪夫人墓的工作，也說明了他的文史調查活動，已非純粹的文人雅士之文藝活動，而是具有歷史考古之企圖。石暘睢的調查事業，其成果在日治時期於《民俗臺灣》、《科學の臺灣》、《文藝臺灣》等期刊中，發表的多篇文章，調查記錄臺南境內的寺廟祭祀品、孔廟禮樂器、古碑、石敢當等。這樣的行動背後，或者是出於身為歷史館職員的職責。但其面對的時代，讓這些調查行動，具有了特殊的意義。

石氏的調查活動及其成果，往往也透過博物館或者展覽的型態與社會溝通。戰後，他推動被稱為歷史文物展的活動，企圖構建以臺南為主的地方歷史想像，然而，他的在地化途徑，使其所經歷的風景，並非故國河山的視野，恰好也是這條路，保留著我們追尋臺灣博物館發展歷程另一種可能——在殖民現代性與大中國史觀之外。在石暘睢的身影中，看見早期臺灣文史調查活動與書寫，如何展開其與同時代的關係，並嘗試從來自民間的傳統，定位石暘睢在臺灣史研究與臺灣博物館史中的位置。

石暘睢世代留下來的文化資產，至今依舊安躺在臺南市立博物館，並沒有多少人注意到它們對於重新理解臺南歷史的價值。然而，晚近 30 年來，我們不斷強調由民主實踐乃至凝聚國民國家的過程中，多元且具主體性的地方之種種——當然包括了地方歷史，是重要而不可或缺的一部分，由此便讓筆者想起，這批 7、80 年前調查採集，且又可追溯到清代歷史的地方資料，

或許正應該重新被解讀，成為臺南在地歷史的重要資源，並擴延為如同它們被採集時，那般的社會行動，召喚出這批歷史資料在歷史解釋與當代對話的多重價值。

　　為了能夠完整記錄石暘睢的生命史，並點出其在臺南文史研究先驅上的角色，本書除了根據石暘睢的著作之外，日治時期與戰後初期之各種文獻期刊也是重要的材料。另外，他參與或者主編的展覽之文物專輯，如以「臺灣文化三百年紀念會」史料展覽為基礎的《臺灣史料集成》，蒐羅諸多收藏家典藏的《臺南文化》4卷2期（1954.11）「文物專刊」，以及同刊以歷史館之典藏為主的4卷4期（1955.6）「歷史館專號」為重要材料，其次如朱鋒（莊松林）在《臺北文物》6卷2-4期（1957.10、1958.3、1958.6），連續刊載的〈臺南近十年來的考古工作概要〉，則反映了石暘睢及其同好的調查成果。1965年出版的《南瀛文獻》第10期，因石暘睢過世出版的紀念專輯，匯集了諸多學友的過往回憶，足以提供研究者串連其人際網絡的重要材料。[1]最後，將透過石暘睢及其同好所組成的臺南文史協會各會員之第二代所典藏的私文獻為主，嘗試進入這個社群的內在網絡，了解日治時期與戰後初期的文史調查行動。

1　臺南縣文獻委員會編，《南瀛文獻》，第10卷，1965年6月。紀念專輯共收錄中外學者、文史調查同好所著20餘篇文章。

第一章
日本時代的文史調查
—— 初試身手的石暘睢

第一節　青年石暘睢

一、石馬出土記

1933 年 11 月 12 日，臺南永康洲仔尾附近的一塊田地上，距離「地下約六尺深挖掘一石馬，高四尺長六尺重量千五百斤，誠為貴重史料也」，這批出土時為一匹斷腳的石馬，為清朝乾隆時代協助平定林爽文事件有功的鄭其仁之墓前石馬。

石馬出土的原因，是因臺南一中學生小林悅郎在暑假作業中提及此墓地，因此吸引臺南一中前嶋信次與鹽塚勝之等兩位老師，以及臺南州臺南市史料館的野田八平前來挖掘，隨行者還有坂本寫真館的老闆。挖掘出的石馬，得到地主唐金祿的同

**圖 1-1　1933 年 11 月 15 日
《臺南新報》對於石馬的報
導**

資料出處：〈夜な夜な畑を荒
す墓前の大石馬と部落民に
盜まれだ銀の首級〉，《臺南
新報》，1933 年 11 月 15 日，
版 8。

意後，寄贈於位在安平的臺南市史料
館。[1]

　　當天他們一行先是看見露出地
面約五呎的石望柱，然後就看見鄭其
仁墓，野田平八形容此墓相當氣派，
然後在距離鄭其仁墓不遠處，挖出石
馬。[2]

　　當日參與挖掘者，除了前嶋信
次與鹽塚勝之外，最特別的是，同行
者尚有被報導稱為「本島史家」的石
暘睢，當年 35 歲，曾在 1930 年的臺
灣文化三百年的展覽會中，提供收藏
品供展出。他後來進入了臺南市歷史
館任職，一生投身於臺南文史的調查
活動。

　　小林悅郎當年在作業中，提到
了出土石馬之所以斷腿，與一則地方
傳說有關。鄭其仁墓前石馬，不願為
其奴僕，因此，在夜間經常到田地踐

1　〈夜な夜な畑を荒す墓前の大石馬と部落民に盜まれだ銀の首級〉，《臺南新
　　報》，1933 年 11 月 15 日，版 8。
2　野田八平，〈石馬發掘に就て〉，《臺灣教育》(臺北) 378 (1934 年 1 月)，頁
　　137–138。

踏五穀，為農民所惡，後農民懷疑為石馬作怪，因此打斷馬腿，從此作亂之馬不再出現。[3]

　　1930年代，石馬出土後，首先到了安平，之後應該隨著臺南市歷史館的成立而到了市區，那段時間石暘睢已是歷史館職員。黃天橫說「當時在民生綠園傍邊的臺南市立歷史館入口前面有一件石馬豎立門邊似乎在大門口迎接參觀人的印象，相信

圖 1-2　剛出土時的石馬，以及日後展覽於赤崁樓旁的石馬。
後排左起依序為石暘睢、臺南一中的前嶋信次與鹽塚勝之、臺南市史料館的野平八郎、地主唐文祿。
資料出處：大阪朝日新聞照片資料庫、黃隆正先生提供

3　戴文鋒，《在地的瑰寶──永康的民俗祭儀與文化資產》（臺南：永康市公所，2000），頁217-219。

還記得的人不少！」[4] 顯然石馬是隨著歷史館的成立從安平來到了民生綠園。戰後，石馬則又遷移至歷史館（赤崁樓）第一室（文昌閣）樓下廣場展出。[5]

　　直到今天，那匹石馬依舊在赤崁樓。這匹石馬從出土後，就一直跟著在臺南市歷史館工作的石暘睢。在日治時期被稱為本島史家的石暘睢，從 1930 年代起，將近 20 年的時間，涉身臺南的文史調查研究，被人稱為「活字典」，並且是外地學者到臺南調查的重要引路人，他在皇民化、都市化等各種不利於歷史文化資產保存的時代裡，為臺南留下了重要的資產，古都風貌能在今日猶存，相當部分的功勞必須歸功於他，以及同時代的文史調查同儕。

二、青年石暘睢

　　1933 年在永康洲子尾參與挖掘行動的石暘睢，出生於 1898 年 10 月 10 日，他是清代府城臺南殷商石鼎美之後人，先祖石時榮於清嘉慶時來臺，家族中先人石耀宗於道光 23 年中舉。[6] 石暘睢三歲時，父親石廷藩去世，因此由母親葉雀扶養，石暘睢於 1907 年入學臺南廳臺南第二公學校（今立人國小），1913

4　黃天橫，〈「臺南市民族文物館」簡介〉，《臺南文化》（臺南）4（1977 年 11 月），頁 135。

5　臺南市文獻委員會，〈說明：（丁）石刻　附古玉〉，《臺南文化》（臺南）4：4（1955 年 6 月），頁 93。

6　石暘睢，〈先高祖芝圃公行跡〉，《臺南文化》（臺南）3：4（1954 年 4 月），頁 38–39。

年畢業後，繼續就讀同校實業科，學習實業科商業課程。1915
年從實業科畢業。畢業後，石暘睢即承母命與曾烏李女士結婚。
1921 年曾夫人卒，遺 3 女，1923 年再娶陳富治女士，後生男育
女 6 名。

　　青年時期的石暘睢，因為家庭因素得以潛心於文史的調查
研究，石暘睢的摯友，也是文史調查同好莊松林指出：

　　當石先生十八歲畢業
臺南第二公學校實業商科
時，本應升學進修（當時本
省只有國語〔師範〕學校和
醫學校），然直萱堂葉太夫
人愛子心切，不肯給他遊學
他鄉，也不願給他到社會服
務。所以他22年時間在家自
修攻讀文史與藝術，收集了
許多書畫、金石、陶瓷、舊
文獻、新史料等潛心研究，
也時常利用閒餘，到市郊區
訪勝探古，做了田野工作。[7]

圖 1-3　18 歲的石暘睢
資料出處：臺南市文獻委員會，《南瀛
文獻》10（臺南：臺南市文獻委員會，
1965 年 6 月），未編頁碼。

7　莊松林，〈懷念石暘睢先生〉，《南瀛文獻》（臺南）10（1965 年 6 月），頁41。

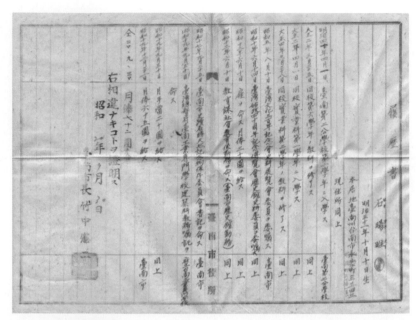

圖 1-4　石暘睢履歷書
資料出處：黃隆正先生

　　林鶴亭也說石暘睢「師事邱及梯研習國文有年，學業大進，
博通祖國文史，尤其對鄉土史乘興趣橫生。進而治臺灣史，蒐
集文物，從事考證，保存史料。因其學有成就，熟識掌故」。[8]
邱及梯為光緒邑庠生，字學海，號雲程，別署簪花館主，善長
書法，篆隸頗見功力。因此現存於臺南開元寺，立於 1917 年的
〈貞女林氏妙緣齋行碑記〉，文章為羅秀惠所撰，但字為邱及
梯所書。

8　林鶴亭，〈石暘睢先生事蹟〉，《南瀛文獻》（臺南）10 期（1965 年 6 月），頁 35。

　　石暘睢能在家研究，家中的藏書應該頗有可觀，1952 年 12 月 6 日，石暘睢參與臺南縣文獻委員會採訪著有《茅港尾紀略》的黃清淵先生。雙方各自介紹後，時年 72 歲黃清淵就說：「啊！石先生，我年輕的時候，時常到臺南石厝，看見有那麼多的藏書。」[9] 那時的黃清淵應是在臺南師事連橫習史，[10] 他對於石家的藏書感到印象深刻，這些收藏為石暘睢從事研究工作提供必要的基礎。

　　另外，根據石暘睢履歷書所記，他在 1915 年實業科畢業後，下一段人生的履歷，已經是 1930 年 8 月 10 日任職於「臺灣文化三百年紀念會史料展覽會委員」的職務。換言之，從他約莫 18 歲畢業後，一直到 32 歲之間，他的人生應該並未在外工作，也未曾遠行就學，除了結婚成家之外，便是過著自修攻讀文史與藝術，收藏與調查的生活。莊松林便曾指出，石暘睢「家道富裕好學成性」經常到興文齋書店購書，兩人也因此在書店認識。這段在家的日子，石暘睢自修文史與藝術，收集了許多書畫、金石、陶瓷、舊文獻、新史料等潛心研究，也時常利用閒餘，到市郊區訪勝探古，為日後的鄉土史研究奠定基礎。[11]

9　吳新榮、石暘睢、莊松林、簡晉臣、蔡文祥、周逢雨，〈採訪記（第一期）〉，《南瀛文獻》（臺南）1：1（1953 年 3 月），頁 46。

10　朱鋒，〈有關黃清淵先生二三事〉，收於臺南縣政府民政局編校，《南瀛雜俎》（臺南：臺南縣政府，1982），頁 90–96。

11　莊松林，〈懷念石暘睢先生〉，頁 41。

　　期間，石暘睢也加入了文人同好團體，例如 1920 年於臺南創立的酉山吟社，石暘睢曾在 1931 年與社友以「行蹤」為題創作詩作，並刊載於《詩報》之中，詩句指出「辭家未慣頻縈夢，乍賦征途倦欲疲，客舍月明天籟靜，他鄉易動旅人思。」[12] 這首描述旅人思鄉的詩句，是目前留存少數石暘睢的創作。

　　青年石暘睢在日治時期接受公學校教育後，就在家從事文史調查研究活動，從而也累積了日後被看重的收藏與能力。然而，這些積累都不是石暘睢一人所造就，若說是石家有黃清淵所說的豐富藏書，若說石暘睢可以在家不需為三餐勞心力，跟石暘睢出身的石家有關。

三、石鼎美後人

　　石暘睢為 19 世紀府城著名商號石鼎美家後人。連景初曾撰文指出「暘睢先生出身臺南石鼎美望族，曾祖述亭公，外高祖泰階公均為孝廉。高祖芝圃公，於清代渡海來臺，經商致富，資力雄於一方，為人急公好義。蔡牽、張丙、林恭之亂，或倡組民勇，或籌捐餉糈，以助守城，並曾捐私產辦育嬰堂，清廷屢有封贈，諸授朝議大夫。」[13] 意謂石家在 19 世紀不僅經商致富，也積極參與社會事業，甚至在屢次遭遇民變之急時，出錢出力，因此屢受封贈。

12　戴文河、王席珍選，〈行踪〉，《詩報》（桃園）13（1931年6月），頁7。
13　連景初，〈暘睢先生的風義〉，《臺南文化》（臺南）8：3（1968年9月），頁46。

　　石暘睢曾以〈先高祖芝圃公行述〉與〈曾祖述亭公家傳〉
等兩文詳細交待了石家來臺發展，及其曾祖、祖父、父親之生
平。[14] 石暘睢於先高祖石時榮的行述文中指出，石時榮為1779
年（乾隆44年）出生於福建同安縣廿一都嘉禾里北山堡坂美社。
「幼讀書，少懷遠大志，不甘株守鄉里，于嘉慶二年（1797）
公十九歲時稟父命渡臺，就傭于臺郡城西外新街四美行，學習
生意，繼司會計，兼有蔭股，頗有積蓄。越數年遵例報捐，授
監生。」而到了石時榮35歲時，他已經來臺經商16年，積累
可觀財富，因此嘉慶18年（1813）時，寄兩萬金回梓里，購置
田園房屋，興蓋宗祠，「遵父之命與諸兄弟圖分，不有私財」，
同年回鄉謁祖後返臺。

　　卜居于郡城大西門外頂南河街，自營糖郊（進出口商），
行號曰「鼎美」，由此經營再造，善用陶公理財之法，遂能成
家立業（所有購置在臺，南北路公館大小租業，田園埤塭行店除
外，營造七包三進大廈，其中前廳曰「衍慶堂」（該堂後來懸掛
先曾祖耀宗公中舉人所立「文魁」匾一方）中廳曰「怡和堂」，
書齋曰「仰軒」為城西外，獨一之大廈，至今猶存。）焉。

14　石暘睢，〈先高祖芝圃公行述〉，頁38-42。〈曾祖述亭公家傳〉由黃隆正先生
　　收存。

圖 1-5　石鼎美宅
資料出處：黃隆正先生

　　不過根據《石氏祠墳考》記載，石時榮並非遷居臺灣第一人，雍正乙卯科（雍正 13 年，1735 年）舉人石國球，遷居臺灣縣，後任漳州海澄縣教諭，石國球算是石氏早期遷居臺灣的仕紳名人。[15] 不過，在石暘睢筆下的石時榮，應該是成就最為顯著者。石時榮來臺經商有成後，像是返回鄉里報親恩但不求回報，旋即返臺，經營鼎美商號，故有後世石鼎美的稱號，累積的大量財富，讓石時榮得以興築於 1997 年被指定為古蹟的「石鼎美古宅」。

15　〈石氏祠墳考〉，國立臺灣歷史博物館典藏，典藏號：2013.004.0001。

　　石時榮除了經商累積經濟資本，對於公眾事務的參與也不遺餘力，19世紀幾次府城遇危，都可看見石時榮捐資募民守城，如嘉慶6年至11年（1801-1806）海寇蔡牽先後侵臺，「公捐資募勇，督率守城有功，恩旨賞給六品同知銜」，史料也提及「有隨官守城勞績最著之舉人潘振甲、貢生韓必昌、黃汝濟、陳廷璧、監生石時榮、郭邦傑、生員盧必揚、黃化治、紀邦傑等九名，應請賞給六品頂戴……」，[16] 道光12年（1832）9月張丙之亂，復募民勇守城功，官給「急公尚義」匾額旌于門，咸豐3年（1853）鳳山林恭之亂，郡城戒嚴，捐資軍需，事平，恩旨誥授朝議大夫欽加鹽運使司運同銜。其他的社會事業還有道光19年（1839）2月，為獨力修造南河港呈請事，蒙府憲熊（熊一本）批准立碑南河港頭示禁。咸豐4年（1854）倡建育嬰堂（俗稱養生堂）在縣治外新街，並自捐家屋充用並捐五千圓生息。石時榮也在溫陵廟、大天后宮、開隆宮等廟宇重修時捐銀助成，並在旌義祠、魁星閣等具有帝國文化政治意義的建築興修時貢獻己力。石時榮對於公共事務與社會事業的捐銀，可參見表1-1與表1-2。

---

16 臺灣銀行經濟研究室，《臺案彙錄辛集》（臺北：臺灣銀行經濟研究室，1964），頁87-90。

表 1-1　石時榮公共事務與社會事業捐銀表

紀年	西元年	事件	金額	資料來源
嘉慶 11 年	1806 年	嘉慶六年至十一年海寇蔡牽先後侵臺，石時榮捐資募勇，督率守城功，恩旨賞給六品同知銜	捐資募勇，督率守城，總金額不詳	石暘睢撰〈先高祖芝圃公行述〉
嘉慶 11 年	1806 年	重建旌義祠，三郊職員石時榮捐銀六十員	捐銀六十員	《臺灣南部碑文集成》頁 565-566
嘉慶 21 年	1816 年	重修魁星閣，石時榮（軍功，六品職銜）捐銀三十大員	捐銀三十大員	《臺灣南部碑文集成》頁 204-208
道光 12 年	1832 年	九月張丙之亂，石時榮募民勇守城功，官給「急公尚義」匾額旌于門	募民勇守城，總金額不詳	石暘睢撰〈先高祖芝圃公行述〉
道光 19 年 2 月	1839 年	石時榮獨力修造南河港呈請事，蒙府憲熊（熊一本）批准立碑南河港頭示禁	番銀八百多	石暘睢撰〈先高祖芝圃公行述〉《臺灣南部碑文集成》頁 467-469
約道光 21 年	約 1841 年	重興溫陵廟，職員石時榮捐銀十二元	捐銀十二元	《臺灣南部碑文集成》頁 639-642
道光 23 年	1843 年	重興開隆宮，職員石時榮捐銀十元	捐銀十元	《臺灣南部碑文集成》頁 643-644

紀年	西元年	事件	金額	資料來源
咸豐元年	1851 年	大風霾，下鹹雨。……臺郡紳商林春瀾、石時榮、蔡芳泰、黃瑞卿等，共捐銀一千六百四十餘兩	與臺郡紳商合資捐銀一千六百四十餘兩	《澎湖廳志》頁 373
咸豐 3 年	1853 年	鳳山林恭之亂，郡城戒嚴，石時榮捐資軍需，事平，恩旨誥授朝議大夫欽加鹽運使司運同銜	捐資軍需，總金額不詳	石暘睢撰〈先高祖芝圃公行述〉
咸豐 4 年	1854 年	石時榮倡建育嬰堂，自捐家屋充用，並捐五千圓生息	五千圓生息	石暘睢撰〈先高祖芝圃公行述〉《臺灣通史》頁 563《臺陽見聞錄》頁 78
咸豐 6 年	1856 年	重修天后宮，鹽運司運同銜石時榮捐銀十大員	銀十大員	《臺灣南部碑文集成》頁 671-673
咸豐 8 年 10 月 2 日	1858 年	重鑄天后宮鐘，石時榮捐銀十大員	捐銀十大員	《臺灣南部碑文集成》頁 321-325

表 1-2　石鼎美公共事務與社會事業捐銀表

紀年	西元年	事件	金額	資料來源
道光 5 年	1825 年	重興大天后宮，……正義號、乾美號、石鼎美、張長慶，合捐銀二百四十員	合捐銀二百四十員。	《臺灣南部碑文集成》頁 592-595
道光 21 年	1841 年	重修北巷佛祖廟，石鼎美捐銀二元	捐銀二元	《臺灣南部碑文集成》頁 264-267
道光 25 年	1845 年	臺郡銀同祖廟捐題，捐建臺郡城銀同祖廟衔名、數目及費用條款，開列於後：……，臺郡郊石鼎美捐銀五十大員	捐銀五十大員	《臺灣南部碑文集成》頁 644-646
道光 26 年	1846 年	直加弄築岸，石鼎美捐銀一十員	捐銀一十員	《臺灣南部碑文集成》頁 279-281
道光 29 年	1849 年	重建大人廟，南河石鼎美捐銀十大元	捐銀十大元	《臺灣南部碑文集成》頁 653-655
道光 30 年	1850 年	重修元和宮，石鼎美捐銀十大員	捐銀十大員	《臺灣南部碑文集成》頁 656-659
咸豐 4 年	1854 年	北極殿重修捐題，石鼎美捐銀二十元	捐銀二十元	《臺灣南部碑文集成》頁 663-665
咸豐 5 年	1855 年	臺郡天公壇捐題，石鼎美捐紋銀餅四十大元[17]	捐紋銀餅四十大元	《臺灣南部碑文集成》頁 665-667

17 本件碑記亦係咸豐5年（1855年）天壇創建時所立「臺郡天公壇碑記」之副碑，延續「臺郡天公壇創建捐題碑記」未完成部份題名，亦即銘刻捐款二元與一元的姓氏、商號。（國家圖書館「臺灣記憶」https://tm.ncl.edu.tw/）

紀年	西元年	事件	金額	資料來源
咸豐 5 年	1855 年	普濟殿重興，三郊石鼎美捐銀二十大元	捐銀二十大元	《臺灣南部碑文集成》頁 667-671
咸豐 6 年	1856 年	重建馬公廟捐緣啟，……石鼎美捐銀十二員	捐銀十二員	《臺灣南部碑文集成》頁 314-317
咸豐 8 年	1858 年	天后宮鑄鐘緣起，……石鼎美、石時榮、……以上各捐銀十大員	捐銀十大員	《臺灣南部碑文集成》頁 321-325
同治 2 年	1863 年	重修北極殿，……石鼎美各捐銀十元	捐銀十元	《臺灣南部碑文集成》頁 686-687。

　　關於石時榮參與公共事務與經商有成之事，有幾則史料說明了兩者間的關係，道光 19 年（1839）的南河橋涵示禁碑記中指出，石時榮在頂南河街經商，歷年糖貨棧貯街內亭下，街外南河橋原為杉木所蓋，但「榮獨備資，購買磚石，河底定基，改造石橋，冀垂永遠。橋之東畔，毗連涵口，夜間每盜賊密涵入街偷竊。榮即一併建用大杉木板，鋪密涵口，不特可弭盜賊，而且可杜填塞污穢。茲修完固，計費番銀八百多元，悉榮獨力支理。」因此，南河橋改建為石橋不僅為石時榮獨力支理，也不僅只有商業利益，更藉由橋涵封堵而有防賊與衛生等考量。這項行動因為南河橋所在的地理位置具有特殊性，「城中遠近潦水，從此而出：東接府第枋橋頭，南通上、下橫街，北納關

帝港，眾派溝流總歸口涵，奔流入海。」因此碑記又說「欲得萬全之處，必須蓋搭小屋，遮蓋其上，不特可杜污穢；併為夜間街衢防守處所，庶亭下棧貯亦可無虞。」石時榮的南河橋改建計畫，於是成為一個兼具排水、治安、衛生與商貿等「公私均有俾益」的計畫。該示禁碑最後強調了「准該職員在於涵口蓋密之處搭蓋寮屋防守，並著勒石永禁、以垂久遠外；……該處附近街衢居民人等知悉：自示之後，毋許在於橋、涵左右餘地堆積糞穢，以資宣洩……」[18] 石時榮重修南河橋與橋涵顯然是個相當具有公共利益的行動，對他而言，這可能是他跟官方得以維持關係的行動，如同蔡牽、張丙事件時所做的事，也跟捐銀修築旌義祠、魁星閣一樣。但這件事顯然也是利己的選擇，因為石時榮經商據點就是南河街，南河橋興建直接庇護的區域。值得一提的是，南河橋涵示禁碑記目前存放與展示在大南門碑林，就是石暘睢的古碑調查與收藏展示行動的成果。

　　另一件事則說明了石時榮如何從出資歲修港道的過程中，也一併取得開墾塭埔地的權利。根據一紙同治 8 年（1869）所發的執照，說明了三郊蘇萬利等偕職員石時榮，自道光年間至咸豐 3 年（1853），為了安平港道淤塞，雇工開挖逐歲修補，不致洪水氾濫入廠，先後計費番銀一萬餘元。官方於是將北畔港汕浮埔免徵餉項，給歸利等開墾田園魚塭。但各商都是「內

---

18 臺灣銀行經濟研究室，《臺灣南部碑文集成》（臺北：臺灣銀行經濟研究室，1966），頁 467–469。

來客居」，因為往返不定，所以終難成業。「當時開港工費浩繁，儀祖父職員石時榮出資最多。故此，利等議將埔地歸榮承管。」換言之，相對於往返不定的客商，長居臺灣的石時榮顯然是個可以承擔開墾責任的人，於是給了石家「安平港岸北畔塭埔一段，東至李水生塭並水路溝，西至本塭岸，南至安平港岸，北至本塭岸為界，⋯⋯，查該戶前同三郊出資疏通港道，洵屬急公可嘉，既將前項埔地議歸掌管，自應准如所請，免徵租息。」這張執照指出這片土地有「塭埔地五十八甲九分整」，那時石時榮已過世，因此由石朝儀為業戶代表。[19] 此一事例說明了石家土地資產的累積，跟投身公共事業息息有關，經年累月出資處理港道淤積問題，獲取的便是近 60 甲塭埔地開發的權利。或許我們也由此可得知，青年時期的石暘睢得以投身文史調查事業，是建立在前人因經商有成、捐助社會事業乃至於官商互動的關係中，累積了為後代子孫可用的經濟基礎。

　　咸豐 8 年（1858）石時榮 80 大壽時，因其經商有成參與社會事業、公共事務，臺灣知府洪毓琛也在石時榮壽像上題贊詞，內容為：

　　　芝圃先生八袠壽像贊，瀛海之區，古為琵舍耶，逮入版圖

19　臺灣銀行經濟研究室，《臺灣私法物權編》（臺北：臺灣銀行經濟研究室，1963），頁914–916。相關郊商開墾海埔地經過，可參考黃懷賢，〈臺灣傳統商業團體臺南三郊的轉變（1760—1940）〉，國立政治大學臺灣史研究所碩士論文，2012，頁38–39。

時，則為冠盖都會之停，懿夫我芝圃翁，少服賈於斯，乃貞其質，乃練其形，波濤之涉，忠信為心，不數十載，占籍臺瀛，為朱公巨賈，雄踞而建瓴，乃翁則裒多益寡，篤親戚，周卹鄉鄰，方今寇攘充斥，國帑重困，翁則義形於色，屢輸萬金於朝廷，是乃成家報國之徵應，宜永享乎遐齡，觴稱醉日陽春之二旬，大椿以八千歲為春，盈階桂馥與蘭馨，然則何以為翁頌，予曰吉羊亦壽考，宜孫子永康寧。愚弟洪毓琛題。

　　同時間，由黃紹芳撰文、謝穎蘇書寫，包括「進士蔡廷蘭外八十三名人士」贈的壽文，這篇充滿道德文詞的讚揚文章中，指出經商有成是「又能薄飲食，忍嗜慾，節衣服，與傭作同苦樂」，又說在國家社會有難時「先生急公尚義出於真，誠天性宜乎，賞善旌庸渥膺甄敘，故曰富者一方之元氣，亦國家緩急倚賴之人也。」在這篇幾乎集結全臺貢生進士舉人的祝壽文章，石時榮是一位符合儒家道德典範的代表。咸豐 11 年（1861），石時榮過世，享壽 83 歲，被晉授通奉大夫。

　　活了 80 幾年，縱橫經濟營商、公共事業等領域的石時榮在過世時，8 個公子僅一人在世，其他兒子「長耀端先公卒，孫朝法庠生，朝泮；朝深，次耀齡國學生先公卒，孫朝選，朝達；三耀昌邑庠生先公卒，孫朝津；四耀宗道光 23 年癸卯科舉人（筆者之先曾祖）先公卒，孫朝沃府佾生（筆者之先祖考），朝淨，朝湘，朝悅，朝意；五耀清國學生先公卒，孫朝典，朝諧；六耀祖優廩生，在京授職刊部主政，孫朝來，朝聘庠生，朝麟庠生；

七耀德優廩生先公卒，孫朝恩，朝賜，八耀星先公卒，孫朝英，朝安。」[20] 而石暘睢這一系的先人，更多在 30 餘歲就離世。石暘睢在〈曾祖述亭公家傳〉中，寫了其父、祖與先祖的簡要生平。石家科舉功名最高的石耀宗，在「道光二十三年赴福省鄉試捷癸卯科第六十五名舉人」、[21]「甫竣未幾染病咸豐二年立月二日卒於京師享年三十又六」。而石耀宗的長子、石暘睢的祖父石朝沃，未滿 20 歲時為府佾生，但 24 歲時，同治 6 年（1867）時過世。而石暘睢的父親、石朝沃的次子石廷藩，也在 23 歲時就過世。

換言之，石暘睢以上三代的祖先，都在 2、30 歲就離世。或許是因如此，石暘睢在公學校畢業後，其母才會希望他不要遠行，也不要出去工作，而有了更多時間，可專心於文史鑽研。

自稱為「鼎美後人」的石暘睢，承襲著 19 世紀石時榮所奠下的基業，以及或許是其母呵護的心態下，有了縱身文史研究的空間。在家研修十餘年的石暘睢，一直到 32 歲那年，因為「臺灣文化三百年紀念會」，而得到了一展長才的機會。

20　石暘睢，〈先高祖芝圃公行述〉，頁 38–42。

21　根據石耀宗中舉後刊印的《鄉試硃卷》，石耀宗於道光 23 年（1843）赴福建省城福州應考中舉，為當年福建省鄉試 89 名舉人中的第 65 名。（國立臺灣歷史博物館典藏，典藏號：2013.004.0002）

第二節　博物館員跟他的文史同好

一、初試身手：「臺灣文化三百年紀念會」中的收藏

1. 「臺灣文化三百年紀念會」的舉行

1930 年 10 月 26 日至 11 月 4 日，臺南舉行了一場盛大的文化祭典，這場名為「臺灣文化三百年祭」的紀念活動，是為了紀念熱蘭遮城建城到 1930 年時將屆三百年，因此以史料展梳理三百年來的歷史軌跡，並搭配產業、教育與衛生等各種題目的展覽，呈現日治下臺灣的建設成果。劉宜旻指出這場紀念會中，關乎臺灣史如何被詮釋的史料展，「承襲殖民政府的歷史敘述骨架，加強荷蘭時期臺灣與日本的連結，頌揚和日本關係密切的鄭成功，貶低清代的治理功績以對比日本的積極治臺等，另外也強化含有政治意圖的歷史事件，如牡丹社事件、濱田彌兵衛事件等。」[22]

因此，臺灣總督石塚英藏、臺南市尹堀內林平發表了對此紀念會的看法時，他們都指出了藉由臺灣歷史文化軌跡與變遷的爬梳，以資未來進步發達，鳳氣至純平因此分析「紀念會活動的目的，是在臺灣過去與現在的對比之下，彰顯日本統治進步、文明化的成就。……一方面肯定荷蘭時期西洋文化、鄭成

---

22 劉宜旻，〈史料與歷史文化的新展示：1930 年臺灣文化三百年祭史料展覽會〉，國立臺灣大學藝術史研究所碩士論文，2014。

功所取而代之的東洋文化之成就，但最後給予日本東西文化所融和的『新日本文明』最高的評價……」。[23] 而總督府圖書館長山中樵認為史料展覽會，可以讓參觀者想像島上過去的生活，並感受到日本領臺 36 年後的進步。[24]

　　經由這場史料展，如同臺北帝大文政學部長村上直次郎所言，史料展的內容可見到史蹟調查開始受到重視。[25] 展覽籌備期間，除了商借收藏家與學者的收藏，也更進一步努力發掘新史料，「現已發見皇明之墓與蕃契字。」並因此很有自信指出「元來之史料展覽會，概屬無味乾燥，然此回之主催，特對大眾具有幸味，有一觀之價值也。」[26] 例如「據有識見古老所談」，而在南門外發現明末進士李茂春之墓，並認為這些新發現，「為文化交錯的有力資料。」[27]

　　經過多時籌備，熱鬧一時的展覽會，確實吸引了許多人參觀，報載「由各地來南觀覽者不下二十萬人，頗呈一番的熱鬧。」[28] 不過《臺灣新民報》報導卻也特別指出「紀念會的形

23　鳳氣至純平，《日治時期在臺日人的臺灣歷史像》（臺北：南天書局，2020），頁116。

24　山中樵，〈記念會雜感〉，《臺灣時報》（臺北）132（1930年11月），頁9-12。

25　村上直次郎，〈臺灣文化三百年記念會に就いて〉，《臺灣時報》（臺北）132（1930年11月），頁6-9。

26　〈文化三百年記念 大眾史料展覽會 最有興趣且有意義 大有一觀價值〉，《臺南新報》，1930年10月23日，版6。

27　〈史上名人墓　陸續發見　經史料展努力搜羅〉，《臺灣日日新報》，1930年9月11日，版4。

28　〈赤崁流彈〉，《臺灣新民報》，1930年11月8日，版5。

1930年10月27日 (4)

圖 1-6 〈臺灣文化三百年記念會〉，《臺南新報》，1930 年 10 月 27 日，版 4。

式，雖有臺灣史料、產業、教育、衛生、熱帶花卉藝術寫真，水族館、電氣館等的展覽會，內中臺灣史料展覽會，實有值我們一看的價值，而其他的展覽會，卻是平平凡凡了」。報導並指出展覽會受到霧社事件影響，有許多活動中止了，而且也說就算沒有霧社事件，「……不景氣之下，也可謂過於濫費，俗語說『天不從人願』」。[29] 也大有挖苦之意。

此外，黃旺成到臺南時，紀念會主要節目雖然已經結束，但史料展覽延長到 7 日才結束，他在 11 月 7 日來到臺南，「先至大宮町參觀臺灣史料展關於鄭成功之史料最多。」[30] 因此可以說是專為史料展而來。同樣參觀史料展的還有林獻堂，11 月 3

---

29 〈赤崁流彈〉，《臺灣新民報》，1930 年 11 月 8 日，版 5。

30 「臺灣日記知識庫」(https://taco.ith.sinica.edu.tw/tdk/)，檢索日期：2020 年 10 月 8 日。

日，林獻堂與親友造訪了紀念會活動：

　　……同乘自働車……。車到安平，先觀荷蘭人所築之熱
蘭遮古城。次登砲臺，遙望鹿耳門，想鄭氏雄師由此而進，
奪回我漢民族所開闢之彊土，何其壯也，使人無限感慨。少憩
飲茶，遇吳萱草、鄭漢等。十時返臺南，觀史料展覽館。所謂
三百年文化者，是由荷蘭人上陸安平之時算起。荷人未佔領
臺灣之先，漢人之來居此者最少亦有幾十年，因歷史不載明，
而遂概為抹殺，真是好笑。三百年之中，荷人二十八、鄭氏
二十四、清二百十二、日本三十六。館中所陳列之史籍頗多，
又有蕃人契字、鄭成功之墨跡，何者為真？何者為偽？素無研
究，不能決其是非。[31]

　　對於林獻堂而言，三百年所為何來？「荷人未佔領臺灣之
先，漢人之來居此者最少亦有幾十年，因歷史不載明，而遂概
為抹殺，真是好笑」林獻堂出於漢人先來之認識，而認為紀念
會的三百年之來由名不符實。臺灣總督的宣稱與林獻堂的評價，
正顯示出對於臺灣史的兩種不同詮釋觀點。

2. 石暘睢在「臺灣文化三百年紀念會」的角色

　　1930 年的「臺灣文化三百年紀念會」，容或有著不同的詮

---

31 「臺灣日記知識庫」(https://taco.ith.sinica.edu.tw/tdk/)，檢索日期：2020
　年10月8日。

釋觀點，但劉宜旻也指出「臺灣文化三百年祭與臺南的關係十分緊密，籌辦人員多為臺南在地人士，史料展的展件也多與臺南歷史有關。」因此在史料展中可以「說明『文化人』如何隨著都市建設的腳步，在故鄉的土地發掘被淹沒的史料。這些發掘成果，成為史料展別具意義的展件，也突顯史料展與臺南、鄉土的關係。」[32] 其中所謂的在地人士與文化人，最值得討論的，即是三百年紀念會會長堀內林平指出的島內史家的援助。[33] 其中，包括陳鴻鳴、陳明沛、石暘睢、梁瑞圖等臺灣人，[34] 這些人士多半是熱衷古物的民間收藏家。

石暘睢即是被史料展覽係係長村上玉吉聘為係委員（按戰後莊松林的說法為「籌備委員」），那時石暘睢致力於史蹟、史料之搜羅，發現明墓及被埋沒之石碑多件，提供了自我收藏與調查之所得供展出。石暘睢因此深得村上玉吉賞識，故請其到以「臺灣文化三百年紀念會」的史料展覽為基礎而成立的臺南市史料館幫忙。[35] 當石暘睢參與挖掘鄭其仁墓前石馬時，身份為史料館的臨時職員。根據資料來看，石暘睢的收藏首次在展覽中出現，應該就是在「臺灣文化三百年紀念會」史料展覽會。

32 劉宜旻，〈史料與歷史文化的新展示：1930年臺灣文化三百年祭史料展覽會〉，國立臺灣大學藝術史研究所碩士論文，2014。

33 〈臺灣文化三百年紀念會開催について 會長 堀內林平〉，《臺南新報》，1930年10月18日，版3。

34 〈臺灣文化三百年 記念史料展 蒐集資料不少〉，《臺南新報》，1930年10月16日，版6。

35 莊松林，〈懷念石暘睢先生〉，頁42。

　　因此，《臺灣史料集成》序言中舉出史料展覽的特徵時稱
「在此機會悉力找尋未發現的史蹟與史料，幸得到意外的收穫，
如找出皇明墳墓、素被閑卻的碑碣、欲得而不可得的史料，均
能得到，作為偶然的參考品，實屬可喜。」對此，莊松林認為
應歸功於石暘睢的熱心與努力。[36] 該項展覽物件分為書冊、文
書、地圖、書、畫、拓本、寫真、陶瓷器與玻璃、器物與雜部
等十項，觀察來源多為公私收藏之集結。

　　石暘睢為何會被邀請參加文化三百年紀念會乃至後續臺南
市歷史館的工作？國分直一日後回憶他跟石暘睢認識時的狀況
或許可以了解，國分指出「自親近了石先生，我隨即感佩先生
的學識的淵博和研究的熱情。先生不但毫不誇耀自己的學識，
而且凡他所知的事情，無不詳言竟委。」[37] 或許是 1930 年的經
驗，1932 年臺南市史料館籌備告竣，石暘睢任該館臨時職員。

　　從石暘睢出品的文物中，可見其對文史資料的喜好來自年
少，1961 年時年 60 餘歲的石暘睢指出對於古錢的收藏興趣「歷
今已達四十餘年」，因此在以「臺灣文化三百年紀念會」史料
展覽會為基礎所編輯的《臺灣史料集成》一書中，石暘睢出品
甚多（如表 1-3），其中古錢尤其完整。[38] 其次，有些文物應為
家中之收藏，例如已由石暘睢之子石允忠捐贈給臺史博的鄉試

36　莊松林，〈懷念石暘睢先生〉，頁42。
37　國分直一，〈石暘睢先生的追憶〉，《南瀛文獻》(臺南)10 (1965年6月)，頁1。
38　石暘睢，〈南明錢錄〉，《臺灣風物》(臺南)11：4 (1961年4月)，頁46。

錄，為家中先祖石耀宗考試應舉 1843 年癸卯科福建省鄉試的登
科舉人名錄。

表 1-3　《臺灣史料集成》石暘睢出品文物表

分類	項目名稱	分類	項目名稱
書冊	北白川宮	器物	古扇
	臺灣開創鄭成功	雜部	梅干樽
	鄭君墓誌銘		罫紙木板
	臺灣外記		明末古錢 天啟通寶、崇禎通寶、弘光通寶、大順通寶、利用通寶、昭武通寶、洪化通寶、裕民通寶
	六亭文集		明永曆通寶 一分、楷書、行書等共 3 枚
	澎湖廳誌		光緒元寶
	鄉試錄		和蘭銅貨幣 1880-1884 年、1912-1917 年、1898-1906 年、1916-1922 年等發行共 4 枚
書冊	御纂春秋	雜部	荷蘭殖民地用銅貨幣 1858 年、1855 年、1920 年 發行共 3 枚
文書	光緒年間の關稅書類		臺南官銀票
	土地に關する古文書		
	賣契字		
	海東書院童生試卷		
	安平縣童生試卷		
	蓬壺書院童生試卷		
	崇文書院童生試卷		

資料出處：整理自臺灣文化三百年紀念會，《臺灣史料集成》，臺南：臺灣文化
三百年紀念會，1931 年。

二、成為博物館員與文史社群的形成

1. 任職於臺南市歷史館

　　1935年臺灣總督府舉辦始政四十年的臺灣博覽會，並於臺南市設立「臺灣歷史館」。村上玉吉又聘石暘睢等為委員，協力新史料採集與第三會場碑林的建設。展覽結束後有感於資料豐富已非安平史料館可容納，因此決議興建新的臺南市歷史館。[39]1937年，新建的博物館完成，地址就在臺南市大正公園東南側，名稱由1932年設置的「臺南市史料館」改為「臺南市歷史館」，並從安平遷入新館址（大正公園戰後改稱民生綠園，1998年再改名為湯德章紀念公園，成立時地址為清水町一丁目29番地）。[40]在此期間，石暘睢調查古碑，於南門設置第一碑林，赤崁樓設置第二碑林，至今尚存。其餘未能收入兩碑林之碑，也收錄於〈臺南古碑記〉之中。[41]

　　臺南市歷史館的成立，可以說是以探究鄉土歷史與文化為出發點的行動之一，與之同時而設的尚有基隆市鄉土館、花蓮港鄉土館、臺東鄉土館。[42]這種探究鄉土的風潮，產生了許多鄉

---

39 〈臺南市臺灣史料　籌建臺灣歷史館〉，《臺灣日日新報》，1935年12月3日，版12。

40 莊松林，〈懷念石暘睢先生〉，頁42。

41 石暘睢，〈臺南古碑記〉，《民俗臺灣》（臺北）2：3（1942年3月），頁46–52。

42 李國玄，〈日治時期臺灣近代博物學發展與文化資產保存運動之研究〉，中原大學建築研究所碩士論文，2006，頁3–18至3–22。

圖1-7　1937年落成的臺南市歷史館

資料出處：齋藤悌亮，〈臺南市歷史館〉，《科學の臺灣》（臺北）6：1-2（1938年2月），未編頁碼。中央研究院臺灣史研究所數位典藏。

土調查和鄉土教育。[43] 甚至於教科書中，也出現關於臺灣傳統生活文化的素材。[44]

根據1937年的資料顯示，歷史館成立之初，一樓展示跟臺灣有關、內外古今的史料與參考品。二樓則展示小早川篤四郎

43　許佩賢，〈「愛鄉心」與「愛國心」的交錯〉，收於氏著，《殖民地臺灣近代教育的鏡像：一九三○年代臺灣的教育與社會》（新北：衛城出版社，2015），頁145–174。

44　周婉窈，〈實學教育、鄉土愛與國家認同〉，收於氏著，《海行兮的年代：日本殖民統治末期臺灣史論集》（臺北：允晨出版社，2009），頁249–262。

表 1-4　臺南州臺南市歷史館職員表

年度	官職	姓名	年度	官職	姓名
1937		丸木末次郎	1940		津田健治
	主事	菊地鎮雄			富島俊嶺
	囑託	齋藤悌亮		囑託	當房嘉吉
	雇	石暘睢		雇	石暘睢
1938		富島俊嶺	1941		磯文子
	主事	齋藤悌亮			中澤佳郎
	雇員	石暘睢		主事	石垣當次
	雇	磯文子		囑託	當房嘉吉
		黃介騫		雇	石暘睢
1939	主事	富島俊嶺	1942		中澤佳郎
	囑託	當房嘉吉		主事	石垣當次
	雇	石暘睢		雇	石暘睢
		黃介騫	1944	雇員	石暘睢

資料出處：中央研究院臺灣史研究所「臺灣總督府職員錄系統」資料庫。

的臺灣歷史畫。剛成立之際，臺南市歷史館一共收藏書畫 43 件、文書 68 件、書籍 79 件、拓本 171 件、地圖 11 件、寫真 239 件、古錢 56 件、匾額 42 件、器物 232 件、石碑 5 件。[45]

　　石暘睢於臺南市歷史館任職時，從表 1-4 可觀察歷史館職員雖有三、五位，但應該只有齋藤悌亮為主任，[46] 以及根據總督府職員錄與石暘睢的同好對他在歷史館工作的回憶，史料館與

45 〈臺南市歷史館案內〉，黃隆正先生提供。
46 〈彙報〉，《科學の臺灣》（臺北）5：2（1937 年 6 月），頁 22。

歷史館的運作主要應由石暘睢負責。黃天橫指出「該史料館當時不設館長，由係員日人野田八平和臨時僱員石暘睢掌管實務。經年餘聘剛畢業大學歷史系的齋藤悌亮任館長。」[47]而齋藤兩年後便去職。而其餘職員，應該以掛名居多，以 1939 年為例，黃介騫的本職是臺南市役所的地方理事官，歷史館應為兼職掛名。而主事富島俊嶺本職為臺南市役所教育課視學。大概僅有囑託當房嘉吉，算是專職於歷史館工作。但其實通貫日治時期，長期持續且在歷史館編制內的工作者，僅有石暘睢一人。當然，這並不是說歷史館只有 1 位員工，盧嘉興在紀念石暘睢文章中指出，1937 年曾在歷史館工作。[48]

　　1940 年以降，受到局勢日漸緊張的影響，臺南市歷史館暫停開放，展品儲藏於館內南棧房與延平郡王祠，此時就連石暘睢的家人與家中所藏文物也疏開到了城郊。1944 年，臺南市長羽鳥又男本想利用重修後的赤崁樓，將該館部分文物移藏至赤崁樓，但在重新開館前夕，1945 年 3 月 1 日遭遇大空襲，使得藏在民生綠園的歷史館史料全部被炸毀，儲存於赤崁樓與蓬壺書院者雖倖免於難，但歷史館重新開幕的計畫因此成為泡影。[49]

---

47 黃天橫，〈「臺南市民族文物館」簡介〉，《臺南文化》(臺南) 4 (1977 年 11 月)，頁 134。

48 盧嘉興，〈文獻導師石暘睢先生〉，《南瀛文獻》(臺南) 10 (1965 年 6 月)，頁 28。

49 黃天橫，〈「臺南市民族文物館」簡介〉，頁 135。

2. 石暘睢與他的文史同好

石暘睢的文史調查事業，並非一人完成，而是跟一群同好相互結盟一同行動，這些同好的結合，一方面是跟許多任職於學校的日籍教師合作，一方面則是一群志同道合，喜好蒐集文物，且以此為趣味的朋友為主。換言之，這群文史同好，來源並非單一，有受過所謂學院訓練的教師，也有在地有志一同者。石暘睢一生的許

圖1-8　石暘睢任職臺南市歷史館聘書。
資料出處：石頂天先生

多調查行動，可視為集體性的成果，其中他與莊松林的關係更是密切。

莊松林跟石暘睢認識是在 1929 年 6 月間，那年莊松林畢業於廈門集美中學，由廈回臺後，經常在林占鰲經營的興文齋書局看書。莊松林說石暘睢「家道富裕，好學成性，亦時常來該書局購書，由此機緣互相認識的。」在興文齋聚集的同好不僅莊松林，莊松林就說他還在那裡認識連雅堂和前嶋信次等人。[50]而相差十餘歲的石暘睢與莊松林，都曾師從邱及梯。[51]

50　莊松林，〈懷念石暘睢先生〉，頁41。
51　沈芳如，〈《臺南文化》與戰後臺南「府城」集體記憶的建構（1951–2001）〉，

　　到了 1936 年，趙櫪馬、徐阿壬、鄭廢人、張慶堂、董祐峰、黃漂舟、曹永河等組織了「臺南市藝術俱樂部」，並附設「臺灣文獻整理委員會」，在此也是同好交流採集、整理、研究等工作的地方。[52] 這群人是文史的同好也是知音，因此形成一個密集往來的生活網絡。[53]

　　有些同好的結成也來自偶然，例如江家錦就回憶跟石暘睢的認識，是因為他任職車路墘糖廠時，「先生忽來訪，余則陪同到附近的桂子山調查明何斌墓。是時始結識先生。嗣後因先生服務於臺南歷史館，時輒往訪，遂成知己。」[54]

　　除此之外，石暘睢也與曾在臺南居住 8 年，擔任臺南一中教師的前嶋信次，以及任教同校的鹽塚勝之，[55] 另外在臺南 10 年，任教於臺南一女的國分直一和任教臺南二女的新垣宏一等人交往密切，並與任教臺北帝國大學的金關丈夫有所交誼。[56] 戰後則與任教於臺大的方豪、楊雲萍等有密切往來。

國立臺灣師範大學歷史研究所碩士論文，2008，頁46。

52　莊松林，〈懷念石暘睢先生〉，頁44。

53　廖漢臣便提起石暘睢、莊松林及其同好，晚上常聚集一起，或者泡茶或者喝酒，閒聊文史課題。廖漢臣，〈學界的墊腳石—憶石暘睢兄〉，《南瀛文獻》(臺南)10 (1965年6月)，頁15。

54　江家錦，〈追憶石先生並默禱皈道成仙〉，《南瀛文獻》(臺南)10 (1965年6月)，頁38。

55　1931年，早在鄭其仁墓前石馬出土前，石暘睢與鹽塚勝之、前嶋信次便常一起四處採訪。回憶可見石暘睢，〈穎之退耕錄〉，《臺南文化》(臺南)7：3 (1962年9月)，頁82。

56　莊松林，〈懷念石暘睢先生〉，《南瀛文獻》(臺南)10 (1965年6月)，頁42–44。

　　任教於臺南在地學校的教師，又各自因其緣故，而與不同的在地人結合，進而讓這個社群的合作，建立多層次的緣故關係。例如畢業於東京帝國大學東洋史學科的前嶋信次，便是「在安平的史料館看到石暘睢所藏的《六亭文集》，因此兩人成為好友」，而前嶋的學生黃天橫，則因為「前嶋教學不照本宣科，都是侃侃而談」因此受到前嶋的影響，培養了文史調查的興趣。[57] 黃天橫不僅受到前嶋影響，他也曾提及畢業於京都帝國大學史學科地理學的老師內田勛，黃天橫對於曾帶學生去遠足、露營，思想開放的內田老師印象深刻，並認為內田的地理學不僅依靠死背，而是廣泛具有系統性的地學通論相當具有啟發性，黃天橫並曾提及內田也跟前嶋等人，參與了林朝英墓誌銘發掘等調查。[58] 以上的例子說明，文史社群的成員多元，彼此關係也有多重屬性，這讓他們的結合，得以具有現代學術的引入，也具有不可缺乏的在地指引的力量。

　　例如石暘睢因為對於在地的歷史文化有充分認識，因此經常扮演協助學者認識臺南歷史的角色，如同國分直一就說，「我受到石先生的指導，漸漸地踏進了以臺南為中心的歷史與文化的深林裡，……，將臺南市古街巷的詳細撰述一文，投寄『民俗臺灣』刊載，這是應歸功於石先生的教益……」，國分直一

---

57 陳怡宏，〈近現代臺南鄉土研究的成立與變遷（1930–1960年代）〉，《歷史臺灣：國立臺灣歷史博物館館刊》（臺南）22（2021年11月），頁13–14。

58 陳美蓉、何鳳嬌，《固園黃家：黃天橫先生訪談錄》（臺北：國史館，2008），頁130–134。

　　接著說了他們兩人最後一次見面，是在 1948 年 5 月，「我乃與石先生採訪六甲頂貝塚，因為戰時中，日本海軍在貝塚附近建設了無線電塔，而貝塚卻露出在圍牆之外。我正在拾俯散亂的貝塚……」，一個軍人拿著槍指向國分，石暘睢不斷用日語解釋，直到軍人倒出他們的採集物——貝殼，軍人一見呆住，才將他們釋放。國分為此感念石先生對於學問的熱情、愛護正義的心與溫暖的友情。[59] 國分的回憶指出曾一起採集化石的過往。

　　因此，對於了解石暘睢及其同好的角度，應該是多元的，林鶴亭對石暘睢的回憶中，指出「石先生的趣向是多方面的，因其歷史知識淵博，非但對蒐羅史料保存文物，酷嗜藏書——雅俗兼備，又愛收集古錢、古瓷、古文具、古茶器甚至古文書」[60] 如此的描述，石暘睢似是以賞玩文物為生活品味而收藏。然而，從石暘睢在日治時期於《民俗臺灣》、《科學の臺灣》、《文藝臺灣》等期刊中，發表的多篇文章，調查記錄臺南的寺廟祭祀品、孔廟禮樂器、古碑、石敢當等議題，從而清楚得知文史社群的行動具有資料公開、知識整理與學術交流等意義的企圖。

　　對照於同時代，臺南的石暘睢及其同伴所做之事並非孤例，將文史調查成果訴諸於展覽的型態問世，臺南也並非首創。以士林為例，曹永和院士在其年輕時曾參與由士林地區年輕知識份子所組織的士林協志會。協志會對地方文化的提升和啟蒙

---

59 國分直一，〈石暘睢先生的追憶〉，頁1–2。
60 林鶴亭，〈石暘睢先生事蹟〉，頁36。

圖 1-9　1932 年與前嶋信次與鹽塚勝之前往鎮海城調查
資料出處：黃隆正先生

都有使命感,所以曾在 1941 年 8 月 23 日到 25 日間舉辦「士林文化展」(在此展覽的基礎上,該年 12 月的《民俗臺灣》甚至出版了「士林專輯」)。[61]

　　這群朋友間的交誼,不僅是基於對文史研究活動的興趣,也是共同生活,一日之間經常聚在一起的好朋友。

　　廖漢臣在回憶日治時期與石暘睢的交流時曾說:

　　石暘睢兄和莊松林兄,嗜好相同,喜歡喝酒喝茶。我對喝酒喝茶,都沒有抱著多大興趣。但是為消耗時間,也常常去參加他們的茶會或酒會。石、莊二兄對於茶道,均有精心的研究。二人家裡都有購置著古玩般的小茶具和數種好茶。那時候,莊松林兄正在西門市場邊,開設一家玩具店。莊兄素懷大志,原不該幹起這種小生意,祇因為他自集美留學回來,就沒有做事,而挺身於文化運動。日人看他好似眼中之釘,閻羅王簿上把他登記為流氓,所以他為杜塞日警的藉口,以保護自己,纔選擇了這個職業。因為那座房子的位置適中,三人多在那裡聚會,每次聚會,莊松林兄自己生火,自己泡茶,多在晚間八、九點鐘。一邊喝茶,一邊閒談,談到十一、二點鐘始散。」[62]

61　鍾淑敏、詹素娟、張隆志,《曹永和院士訪問紀錄》(臺北:中央研究院臺灣史研究所,2010),頁51–54。

62　廖漢臣,〈學界的墊腳石─憶石暘睢兄〉,頁15。

廖漢臣又說：

茶會多舉行於夏天，冬天則多舉行酒會，尤其是冬節前後，烏魚盛出的時期，三人尤常集會小酌。因為在這時候，有出產大量的烏魚子、烏魚腱。烏魚子的價錢很貴，我們不大常吃，但是烏魚腱的價錢便宜而且好吃，我們時常買來供作酒菜。烏魚腱以天日晒乾，吃時要用文火烤熟，以鐵鎚搗碎，如魷魚般析為小絲，送進口裡，越嚼越甜，越嚼越香，比烏魚子更合於我們的胃口，也比魷魚更加好吃。在天氣嚴寒的時候，一邊生火烤魚腱，一邊輪杯小酌，以強度的米酒或五加皮，來驅散寒氣，另有別趣。現在回憶當時的情景，猶歷歷如現。[63]

經由廖漢臣的回憶，可以得知以石暘睢為主的文史同好，是一群有著共同興趣、生活品味的同儕團體，有一樣的學術興趣，也有相同的生活習慣，他們一起進行調查相互討論，也經常在夜晚泡茶喝酒吃烏魚腱。上述的場景，不僅是廖漢臣一人的記憶，石暘睢的公子石允忠曾告訴筆者，父親及其友人經常聚在一起，聊天交流宛如日常，而且也不僅在莊松林的房子，更曾在戰後初期四處凋敝的赤崁樓，一邊看守著文物古蹟，一邊進行眾人的交流。

---

63 廖漢臣，〈學界的墊腳石—憶石暘睢兄〉，頁15。

第三節　帶著時間向前走：古物的出現

一、都市開發與文化危機下的調查成果

1. 都市開發與社會變遷下的文化搶救

　　石暘睢在日治時期於《民俗臺灣》、《科學の臺灣》、《文藝臺灣》等期刊中，發表的多篇文章，調查記錄臺南的寺廟祭祀品、孔廟禮樂器、古碑、石敢當等。這樣的行動背後，或者是出於身為歷史館職員的職責。但其面對的時代，讓這些調查行動，具有了特殊的意義。如同王嵩山指出博物館蒐藏是種價值判斷，它涉及了評價人文行動，是一種受到某種意識形態操縱的結果。[64] 因此石暘睢等人的調查與蒐藏，雖可說是本於職責的工作，但進一步問，他究竟受到什麼樣的動機引導，是否意識到了某種時代的變遷，或者刻意的政策作為影響下，導致某些文化的載體——文物的消失，因此開展了收藏行動，頗令人好奇。

　　綜觀石暘睢調查行動的時代背景，其實跟臺南市開展都市計畫而進行遷墓、街道拓寬，或者特定物件的經濟因素而造成文物的出土或者毀損危機有關。日治時期相關公共建設進行時，有時出土古物，例如臺南安平運河清理與嘉南大圳興築時，都

---

64 王嵩山，《博物館蒐藏學：探索物、秩序與意義的新思維》（臺北：原點出版，2013），頁18。

曾發現古錢、古砲以及化石。而在市街擴寬、房舍改建或者墓地清理等臺南市區都市計畫執行時，也都經常見文物出土，如明墓、貝塚等。[65]

以古碑為例，臺南古碑的採集跟都市計畫的開展有關。古碑採集最早為 1923 年石坂莊作開始北臺灣的碑碣調查，而在南部則始於 1930 年「臺灣文化三百年紀念會」時舉辦史料展覽，展出的石碑拓本與照片共 59 件。1935 年，「始政四十年」紀念活動中，臺南市舉辦臺南市歷史館，將事前散於南市的古碑 200 餘件，選擇具有重要性及富有永久保存的古碑 45 件，集中於臺南市大南門興建陳列場，莊松林並謂此舉促起臺北帝國大學採集中北部的碑碣。

然而，臺南市的「豐碑短碣，為數不少」，雖經數次展覽，仍無詳細數字，因此在 1940 年，石暘睢與莊松林開始全面踏查，但限於時間與金錢，僅以記錄碑名、年代、立碑人等訊息，而其具體的成果可見於石暘睢的〈臺南古碑記〉，此文中共記錄碑碣 208 件，莊松林說該文所載便是日治時期臺南碑碣調查狀況的梗概。[66] 然而，由於皇民化、戰爭空襲與都市開發等因素，產生了如石暘睢所說的，記載了許多統治事跡與民間事情的志書與古碑，在 1940 年代，志書都還存在著，古碑卻散佚甚至湮

---

65 劉宜旻，〈史料與歷史文化的新展示：1930 年臺灣文化三百年祭史料展覽會〉，頁 157–161。

66 朱鋒（莊松林），〈臺南近十年來的考古工作概要〉，《臺北文物》（臺北）6：2（1957 年 10 月），頁 90。

滅。[67]戰後古碑調查行動的背景因此以被盟軍轟炸、炸毀者不少的背景下開展，並且也有了許多新的發現。其中被轟炸而毀壞者如「重建龍神廟增建更衣亭碑記」，也有被當作石材賣出而碑文被磨掉。而被新尋獲者，如「重修樂安橋碑記」本為崇福宮邊的墊腳石，發現後被遷至第二碑林。[68]

　　古碑的調查或者移置，除了因為臺灣文化三百年紀念會的影響而重視，也跟許多古碑已經失去了功能，而必須在新的時代、不同的都市機能中，尋找新生命有關。例如清代許多示禁碑具有實質功能，必須置於具有有效擴散訊息的空間，通常為廟宇，但至新的時代，失去了類似的功能，甚或在新的都市空間營造中，成為了被人遺忘的無用之物。

　　以目前放置於大南門碑林的臺灣縣儒學田碑為例，這座乾隆 28 年（1763）立的古碑，在日治時期原來是放在開山町法院官舍敷地內，在清代那處是臺灣縣儒學址。[69]學田碑詳述學田的來源、面積與管理，指出除年納正供外，其餘供孔子廟香燈與充生員膏火之用，並嚴禁地棍土豪謀佔與藉名派累各佃戶。這個碑在清代儒學沒有實質功能後也無存在必要，因此被移到大南門碑林。類似因為功能失去，而被棄置的案例，迄至戰後初期依舊經常可見，也跟石暘睢主導的調查收集行動有所關

67　石暘睢，〈臺南古碑記〉，《民俗臺灣》，（臺北）2：3（1942年3月），頁46–52。
68　朱鋒（莊松林），〈臺南近十年來的考古工作概要〉，頁91–93。
69　臺南市歷史館，《臺南市古碑陳列場案內》。

聯。例如「春暖鞋街」石額發現、收藏過程，曾被記錄「記得四十九年盛夏，臺南市文史協會同仁鄭喜夫君，往臺南市立圖書館途次，在臺南市民權路五十八號琢成商行前，偶然發現此石仰臥，充為溝蓋。他隨即走告臺南市立歷史館長石暘睢先生。石先生聞悉甚喜，越日遂邀我，由鄭君陪同至其地察看，即認出是古昔靴街隘門上的石額無誤。雖歷經多年踐踏，字跡尚明晰。此石確是臺南隘門上石額的碩果僅存，很有史料價值。因此石先生隨即僱車載回臺南市立歷史館（後改名為民族文物館）保存，以供民眾觀覽。」[70]

許多臺南的石碑，都曾因為類似的理由，或遭遇時代變遷而失去功能，或被都市計畫影響而被棄置，此時我們當可以理解 1930 年代開始，石暘睢及其文史同好的調查行動，是建立在這樣的社會背景下而開展的。

類似因為受到社會背景因素而開展收藏行動者，尚有石砣。石砣往昔為商業交易行為中所不可或缺之物，但在日治時期新的度量衡制度實施之後，石砣變成無用之物，故而隨意棄置。[71] 因為時代變遷而成無用之物的石陀，在 1930 年臺灣文化三百年紀念的展覽會中，甚至被誤認為「武秀才之奇勇石」，還刊列在《臺灣史料集成》一書，此事也在石暘睢與莊松林

70　朱鋒（莊松林），〈隘門石額〉，《臺灣風物》（臺北）16：3（1966 年 6 月），頁 31。

71　朱鋒（莊松林），〈臺南近十年來的考古工作概要（二）〉，《臺北文物》（臺北）6：3（1958 年 3 月），頁 103。

圖 1-10　新化吳進士古厝內「解
元」、「都閫府」匾額。吳家本
來保存有 3 塊匾額,為「進士」、
「解元」、及「都閫府」,今已
遺失。

資料出處:黃隆正先生

等同好間「成為笑話,流傳迄
今」。[72] 而後由於石砲被視為見
證商業交易的物件,加之被毀
被棄者眾多,遂引起好古者重
視,刻意採集之。另外,對於
匾的收藏,其危機據莊松林自
述,為日本時代「數量日益減
少,查其原因,乃日人嗜好我
國之匾聯,競相竊取或者購買
小型者,懸掛廟堂,以示文雅
並玩賞之。」[73] 因此,石暘睢的
調查行動,也包括了匾聯等物
件的調查。

　　總言之,日治時期臺南相
關古蹟文物的調查與收集,必
須放在都市開發與社會變遷的
脈絡下理解,才能進一步知曉
這些被認為有文化歷史價值的
文物,是在何種脈絡下被調查
被收藏乃至被展示。

---

72 朱鋒(莊松林),〈臺南近十年來的考古工作概要(二)〉,頁102。
73 朱鋒(莊松林),〈臺南近十年來的考古工作概要(三)〉,《臺北文物》(臺北)6:
　　4(1958年6月),頁53。

2. 皇民化與戰爭動員下的調查行動

因為資料的限制我們很難得知石暘睢對於文史調查或蒐藏文物的完整看法，但在跟石暘睢關係密切的莊松林回憶中，可約略知道，日治時期開展的文史調查行動，顯然受到日治末期皇民化運動的影響。以肖像、神像與遺牌的調查為例，在日治時期，以「臺灣文化三百年」紀念會史料展覽中，所錄之對象，多半為寧靖王及五妃、鄭成功、陳永華、吳英等與鄭成功時代有關之人物，[74] 對於一般廣泛存在於民間信仰中的神像等，並非收藏對象。

但到了日治後期，莊松林指出與石暘睢調查廣慈庵的石碑時，發現張伊像，並陸續找到蔣元樞等像，正當準備深入普遍調查時，「不期恰逢日政府為推行皇民化，徹底強迫正廳的改善，於是佛像神位，非付之一炬，便是秘密匿藏，從此一掃廳堂，代之而起者，乃日本天照大神及小型日式神主。」[75] 然而，到了戰後初期，佛像神主遺牌重新登場正廳，1952 年開始，莊松林在竹仔行街找到陳氏祖先像，石暘睢找到了忠義路翁家的翁氏祖媽像。[76] 而就遺牌方面，因為寺廟併合、祠拆牌毀或者其他多項原因，遺牌從推測最多的兩百多件，到戰後經歷十餘年

74 臺灣文化三百年紀念會，《臺灣史料集成》（臺南：臺灣文化三百年紀念會，1931），頁42–50。
75 朱鋒（莊松林），〈臺南近十年來的考古工作概要（二）〉，頁113。
76 朱鋒（莊松林），〈臺南近十年來的考古工作概要（二）〉，頁113。

調查也僅得 30 餘件。[77] 石暘睢與莊松林等人調查神像、祖先肖像、遺牌等，大致是由於日治末期的家庭正廳改正運動中，對於家庭與廟宇祭祀膜拜物造成影響，對於他們而言「也是民族文化的一大損失」，因此對此調查行動的開展與對象的選定，是為了在戰後，將在破壞行動中尚存之物加以調查了解。

　　莊松林回顧了從日治末期到戰後初期，他跟石暘睢進行肖像、神像與遺牌調查的脈絡，先是受到了皇民化運動的影響，不管是遭到毀損或者刻意藏匿，都讓類似的物件有滅失的危機，日治時期的行動是為了面對皇民化的影響，而戰後則為因應此影響的結果，進行更大規模的調查。當然，皇民化運動中石暘睢有時也會如同《民俗臺灣》的作者群，透過曖昧性的宣示來讓自己的行動得到正當性，如同石暘睢在《民俗臺灣》的第一篇文章〈臺南に於ける寺廟の調度品〉，便指出調查廟宇中的相關文物，是為了舊習俗的改善。[78] 換言之，他是用一種改善俗習而調查舊習俗的行動，得到調查的空間。是故，石暘睢在日治末期的調查行動，應該有著基於傳統文化遭遇危機而展開調查的背景。

　　莊松林指出對於印章的調查時，指出「……『神印』，即寺、廟、庵、觀的主神的圖章，僅木質一種而已。因其頻繁加蓋封條、符籙，且歷時已久，字跡、線條磨滅不明，早已重刻

77　朱鋒（莊松林），〈臺南近十年來的考古工作概要（二）〉，頁105。

78　石暘睢，〈臺南に於ける寺廟の調度品〉，《民俗臺灣》（臺北）1：1（1941年7月），
　　頁26。

使用。其古老印文與遺物，亦蕩然無存於世，幸得本省光復前，適逢日政府強迫本省寺廟整理之秋，我與故石暘睢、陳荓兩先生，採訪臺南市的寺廟，乘機蓋妥「古廟印影」四份，除日本學人國分直一先生囑代蓋一份外，各人保存一份，不覺經過廿餘年歲月，至今所存者僅我一份而已，內中不無清代印文眾多，實屬珍貴之品。」[79] 以上的案例，都說明了皇民化運動帶來的文化滅失危機感，促成了調查行動。或者莊松林也曾回憶戰時開山宮在因為開闢防空空地而被拆除時，該廟的五彩花瓶與鄭成功神像，被日人市長羽鳥又男存放於市長室，戰後兩件文物則被歸還。[80] 也都在說明戰爭乃至皇民化時期，各種臺灣文物不同的際遇。

　　除此之外，有幾個案例則又跟戰爭末期的金屬回收行動脈絡有關。1941 年 9 月 1 日，日本內地開始實施金屬回收措施，臺灣則在 10 月 1 日開始。主要目的是藉由金屬用品的回收，以提供軍需使用。[81] 此令一出，許多迄今臺灣民間社會普遍記憶的行動就開始被實施，如家中金屬製的鐵鍋或者建材等，都成為被回收對象。具有文化價值的物件，也難脫被回收命運。例如

79 朱鋒（莊松林），〈臺灣的民間印章〉，《臺灣風物》（臺北）16：2（1966 年 4 月），頁 15。

80 朱鋒（莊松林），〈臺南開山宮〉，收於林佛兒編，《臺灣風土第四冊：漢詩與旅記雜文之部》（臺南：臺南市政府文化局，2013），頁 44–45。

81 〈金屬回收令けふ實施　閣令公布、物件施設指定／回收物件及び施設指定規則〉，《臺灣日日新報》，1941 年 9 月 1 日，版 1。

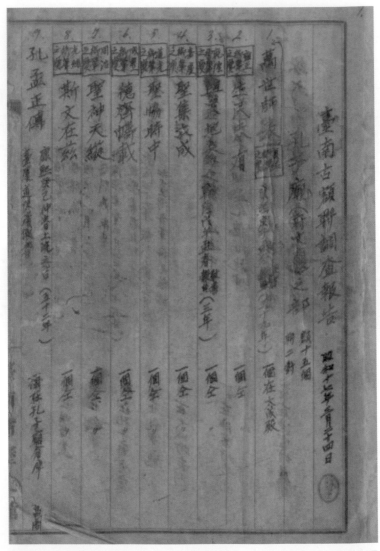

圖1-11　1942年石暘睢「臺南古額聯調查報告」手稿。報告封面日期為昭和17年（1942）3月24日，右下角有「暘睢」落款印章，使用「臺南市歷史館」稿紙。

資料出處：黃隆正先生

1941 年 10 月金屬回收令實施未久，就有佛具獻出。[82] 後來，又陸續在彰化、基隆等地，有廟宇的釣鐘被奉公的事件發生。[83] 類似的事件也發生在臺南，連景初在論及彌陀寺鐘的歷史時，除考證位於東門的彌陀寺之歷史之外，也談及彌陀寺在住持王兆麟逝世後，該寺管理人乃決心加以整頓，俾早日恢復舊觀，文章內容並提及：

　　該寺於清咸豐八年（西元一八五八），曾由臺郡諸店舖及善男信女，獻造一大鐘，鑄造精美，並題有鐘銘：「法鐘宣正氣，上下達幽名，旦暮鯨音動，應知度眾生。鐘聲通宇宙，虔造答佛功，但願人民壽，年年五穀豐。」惟此古寺名鐘，在太平洋戰爭時，由日人搜羅而去，光復後由北區元和宮自古物商中購得，懸該宮中，近經彌陀寺管理人向元和宮管理人辛文蘭等洽商，願另鑄一鐘交換，經得同意，現已「珠還合浦」，使彌陀鐘聲，又得重聞。該寺已定十四日住持及監院晉山典禮時，一併舉行復鐘儀式，亦古都梵語的一段話。[84]

　　對此，黃典權也曾為文提及這口由其族人經營的鑄造廠所

---

82 〈『金屬回收』に協力　佛具賣つてお國へ　軍司令部で"無名子やーい"〉，《臺灣日日新報》，1941年10月7日，版3。
83 〈寺廟の釣鐘祭具類　今こそ"奉公の時"が來た　彰化市の金屬回收運動本格化〉，《臺灣日日新報》，1942年8月19日，版4。〈釣鐘、胸像も運動に協力　基隆市の金屬同收運動〉，《臺灣日日新報》，1942年10月13日，版2。
84 連景初，〈鐘還彌陀寺〉，《臺南文化》（臺南）9：1（1969年3月），頁80。

製的彌陀寺鐘「是鐘銅質，原屬本市東區彌陀寺。日據時，行
『金屬回收』運動，搜刮五金，鐘鼎器幣，盡遭剝奪。時逢太
平洋戰事發生，無力搬運，各廟古鐘棄運河旁。迄光復，是鐘
為人盜賣，北區元和宮信徒購以贈廟，乃存焉。」[85]在黃典權與
連景初筆下的彌陀寺古鐘，能失而復得，是相當幸運的事。

　　但有許多古鐘則在金屬回收運動中消失，「石暘睢先生在
日據時『金屬回收』未行之際嘗作初步調查，其中6件今已不
存」，這些滅失的廟鐘，如表1-5所示，包括了元和宮、清水寺、
文衡殿、開基武廟、府城隍廟以及海安宮等宮廟，清朝乾隆到
同治年間的鐘，均在金屬回收令下遭到回收而滅失。所幸，石
暘睢的紀錄，留下了這些廟鐘曾經存在的痕跡。

3. 皇民化運動下的《民俗臺灣》

　　從1937年開始，具有臺南州臺南市歷史館雇員身分的石暘
睢，聯繫了許多有著同樣興趣的日人教師與文史同好，開展許
多調查行動，其成果除釐清臺南文史資源，也為歷史館與南門
碑林提供了重要的展示與典藏基礎。但在皇民化運動下，這群
同好在《民俗臺灣》上的行動，又是另一種對於臺灣文史研究
與調查的集體成果。

　　1941年，在局勢日趨嚴峻下出版的《民俗臺灣》，吳密
察指出「我們可以確定《民俗臺灣》，雖然在發刊之前很謹慎

---

85 編纂組，〈採訪記〉，《臺南文化》（臺南）6：1（1958年8月），頁111–120。

表 1-5　石暘睢調查日治時期已滅失廟鐘

宮廟鐘名	年代	敬獻者與鐘銘
元和宮鐘	乾隆三十九年嘉月置	本境弟子李允成敬
清水寺鐘	大清嘉慶甲戌年荔月吉置	弟子同安營同合興號叩謝
文衡殿鐘	嘉慶丁丑年陽月敬鑄	闔郡紳衿商民舖戶全叩 重伍百觔　廣東省城泗源店造　　嘉慶乙亥年孟秋　欽命提督福建全省軍門　事務子爵王得祿獻 國泰民安　風調雨順
開基武廟鐘	道光十八年歲次戊戌　月穀旦	石陞興弟子、萬丹桂、新萬泉全叩謝 風調雨順　國泰民安
臺郡城隍廟鐘銘	大清道光二十八年歲次戊申正月吉旦	合郡信官　善捐緣金交住持倚億赴省督鑄銅鐘一口　重捌佰伍拾觔供奉在廟永遠長鳴　福省水關外蓮宅鑄匠林國銓 鐘咒　願此鐘聲超法界　鐵圍幽暗悉皆聞　聞塵清淨證圓通　一切眾生成正覺　聞鐘生煩惱輕　離地獄出火坑　智慧長菩提生　願生佛渡眾生　唵　伽囉帝耶娑婆訶
海安宮鐘銘	同治元年荔月吉旦	三郊蘇萬利、金永順、李勝興、黃謙記、瑞益號、王順記、石鼎美、六順號、尤崇德、林裕發、錦豐號、瑞興號、雙合號、長瑞號、陳震源、聯成號、長興泰、英瑞號、王恒安、陳正義、劉宜有、福人號、蔡振益、職員黃怡育、許廷科、監生郭士修、比邱住行僧景賢監造　夏隆豐鑄造

資料出處：編纂組，〈採訪記〉，《臺南文化》（臺南）6：1（1958 年 8 月），頁111-120。

地表示只是要記錄即將消失的臺灣民俗，但其實他們也是對激進的皇民化政策抱持著不滿……」而這種不滿其實是針對 1936年以來，小林總督推動的激進的皇民化政策，《民俗臺灣》在1941 取得發刊機會，則是利用了近衛體制時，重視地方文化的新文化政策，取得發刊機會，藉以記錄即將因皇民化政策而消失的臺灣民俗，[86] 因此，由金關丈夫召集、池田敏雄負責編務的《民俗臺灣》，必須保持著如同戴文鋒指出的曖昧性與雙重性的營造，求得刊物持續的可能。[87] 張隆志則從《民俗臺灣》的出刊及其後期受大東亞民俗學影響，說明戰爭期殖民地文化政治中，《民俗臺灣》反映出的臺灣總督府、臺北帝國大學、臺灣民間知識人、以及日本內地學界構成的特殊文化政治生態。[88] 幾位學者對於《民俗臺灣》的時代定位，正可與前文論及石暘睢在皇民化運動中，搶救與調查民俗宗教文物的行動是相互呼應的。

　　石暘睢在此階段的論著〈臺南的石敢當〉即是刊載在《民俗臺灣》的臺南特輯。其他跟臺南有關的特輯，尚有北門特輯。吳新榮的日記詳載了這些特輯籌備的過程。1941 年 10 月 28 日，

---

86 吳密察，〈《民俗臺灣》發刊的時代背景及其性質〉，收於石婉舜、柳書琴、許佩賢編，《帝國裡的「地方文化」：皇民化時期臺灣文化狀況》（臺北：播種者，2008），頁 56–79。

87 戴文鋒，〈日治晚期的民俗議題與臺灣民俗學——以《民俗臺灣》為分析場域〉，國立中正大學歷史研究所博士論文，1999，頁 43。

88 張隆志，〈從「舊慣」到「民俗」：日本近代知識生產與殖民地臺灣的文化政治〉，《臺灣文學研究集刊》（臺北）2（2006 年 11 月），頁 43–48。

吳新榮看見神社祭典中被安排了「一向被禁止的臺灣民族舊傳統的節目也安排進去，看到此一場面，我感動得幾乎掉淚。不這麼做的話，終究是無法得到民心的。就是因為這樣，才能說明今天人山人海的原因。」[89] 這段日記很真實的寫下了臺灣民俗在皇民化運動時所遭受的危機，以及人們對於這些民俗的期待。一個月之後，1941 年 11 月 28 日，吳新榮就說：

　　昨天，臺北帝大陳紹馨來信，提及《民俗臺灣》要出版「佳里特輯號」，希望由我負責此事。《民俗臺灣》是帝大的民俗學教室的學者們所發行的，下個月是由楊雲萍負責出刊「士林特輯號」。我真想對這種文化事業多出些力，但對自己人的無力感，覺得慚愧。然而紹馨君如此熱誠地寫著：「為了濟濟多士的鹽分地帶，你無論如何一定得全力以赴，這是對臺灣文化應盡的義務。如果未能盡心盡力，將到佳里大舉興師問罪。」立刻火速招來郭水潭君商量的結果是，當然要負責完成任務。我也就立即著手，徹夜未眠地把〈南鯤鯓廟〉一文趕完，今天當中也想完成〈證史與訂史〉。整個計畫，必須拜託下列每個人提供資料或文稿：郭水潭君（佳里興、青鯤鯓的相關題材）、王碧蕉君（北門鹽田的相關題材）、郭明昆君（麻豆的相關題材）、林清文君（佳里興的相關題材）、王錦源君

89〈吳新榮日記〉(1941年10月28日)，「臺灣日記知識庫」(https://taco.ith.sinica.edu.tw/tdk/)

（基督教的相關題材）、莊培初君（故事的相關題材）、黃清
舜君（民藝的相關題材）。[90]

　　深感無力的吳新榮，在看見神社祭中的臺灣民族舊傳統節
目一個月後，在陳紹馨等人的邀請鼓勵下，立刻火速規劃。然
後就在幾天後的日記中，他就寫下「回程到漚汪拜訪黃清舜君，
想拜託他投稿《民俗臺灣》，卻不在家。」、「晚上訪王錦源君，
還是關於《民俗臺灣》的投稿，拜託他寫〈基督教初期史〉。
至今口頭上或信上已約稿者姓名如下列：佳里街：林泮、莊仲卿、
林精鏐、莊培初、林清文、王錦源。學甲庄：莊德信、陳華宗、
王茂己、陳仁德。北門庄：黃五湖、王碧蕉、王登山。將軍庄：
黃清舜、陳穿、黃清澤。七股庄：莊金珍。其他：郭明昆。」[91]
1942 年 1 月，吳新榮到臺北時，也與刊物主事者金關丈夫、池
田敏雄等碰面會談。[92]

　　1942 年 3 月 21 日，吳新榮、國分直一、渡邊秀雄與郭水
潭等四人，「八點多，到尤加利茶莊，在此和臺南的一群同好
作一夕之談。臺南的民俗同好者有石暘睢、廖漢臣、莊松林、
黃田、陳華等幾位都來了。他們是所謂的臺南學派，話題以安

90 〈吳新榮日記〉（1941 年 10 月 28 日），「臺灣日記知識庫」（https://taco.ith.
　　sinica.edu.tw/tdk/）

91 〈吳新榮日記〉（1941 年 12 月 2 日），「臺灣日記知識庫」（https://taco.ith.
　　sinica.edu.tw/tdk/）

92 〈吳新榮日記〉（1942 年 1 月 13、15 日），「臺灣日記知識庫」（https://taco.ith.
　　sinica.edu.tw/tdk/）

平壺為中心，談到臺南史實各方面。」在這場被吳新榮稱為有關民俗的尤加利座談中，除了座談本身就代表著文史社群聚會的意義，更「決定了《民俗臺灣》的『佳里地方』特輯號，決定下列題目和執筆者，並通知臺北方面有關人員。」他認為包括了吳新榮、郭水潭、國分直一、渡邊秀雄、大道兆行（吳新榮的筆名）等作者的規劃，「如此名單，和士林特輯號、臺南特輯號相比，應毫不遜色。」[93] 最終定名為「北門郡特輯」在1942 年 7 月 15 日出刊，為《民俗臺灣》第 2 卷第 7 號，收錄的文章，郭水潭〈北門郡的地理歷史的概觀（上）〉、國分直一的〈阿立祖巡禮記（上）〉、王碧蕉〈北門嶼的傳說〉、大道兆行的〈續飛蕃墓〉等文章。最後的成果，雖跟吳新榮最初規劃略有出入，但不僅民俗臺灣在編輯後記感謝了吳新榮對於完成北門郡專輯的協助與善意，[94] 吳新榮也以強調「這一期有我收集原稿而成的『北門郡特輯號』」的成果為傲，出版隔幾日就在臺北接受《民俗臺灣》同仁招待。[95]

此外，吳新榮在《民俗臺灣》其他卷號的發表文章，也包括了〈漚汪地誌考〉、〈民間藥草百種〉、〈媳婦仔螺〉、〈蕭壠社劉姓邱故事（一）〉等文章。包括吳新榮在內的臺南文史

93　吳新榮，《吳新榮日記全集 1942》（臺南：國立臺灣文學館，2008），頁35–36。

94　艋舺生、大安生，〈編輯後記〉，《民俗臺灣》（臺北）2：7（1942年7月），頁48。

95　〈吳新榮日記〉（1941年12月2日），「臺灣日記知識庫」（https://taco.ith.sinica.edu.tw/tdk/）

社群，經常以《民俗臺灣》為發表平臺。如表 1-6 中，關於石
暘睢在日治時期發表的 11 篇著作中，只有兩篇是在其他刊物，
其餘均在《民俗臺灣》。

　　從石暘睢在《民俗臺灣》發表的文章觀察，有追其典故如
臺南石敢當與孔廟禮樂器的研究，有的則具有普查性質如古碑
等，即使是類似〈臺南大媽祖廟に就て〉這種篇名的文章，內
容則是以調查其現有文物狀況為主要內容，或如石敢當的文章
中，最終重點指出在文章寫成之際，臺南市區尚有五處分布於
東門町、本町、福住町、錦町等地的石敢當。[96]

　　從現有收藏在黃天橫先生的石暘睢資料顯示，日治時期的
調查活動，石暘睢除了依靠鉅細靡遺的文字紀錄，他應該也可
能透過拍照的方式留下了紀錄，例如孔廟的禮樂器調查，留下
了相當接近普查性質的紀錄，於此同時，孔廟的禮樂器種類及
其在孔廟中的配置，孔廟的建築與古碑，都留有相當完整的影
像紀錄。

　　類似的文章，刊載於《民俗臺灣》1 卷 1 期的〈關於臺南
寺廟的陳設品〉最具綜整性的企圖，也呼應了皇民化運動下《民
俗臺灣》出刊策略的文章。

　　此文也是石暘睢的文章中，少見的把「我」的立場置放於
其中，對於任職於歷史館，而具有公務身分的他而言，他先說
訪查古廟是於利用工作餘暇巡迴於市內古廟，也說臺南市史蹟

---

96 石暘睢，〈臺南の石敢當〉，《民俗臺灣》(臺北) 2：5 (1942 年 5 月)，頁43。

表 1-6　石暘睢日治時期著作目錄

出版時間	篇名	期刊名稱	卷數	期數
1941 年 7 月 17 日	關於臺南寺廟的陳設品	民俗臺灣	1	1
1941 年 12 月 20 日	古都臺南街名考	文藝臺灣	3	3
1942 年 3 月 5 日	臺南古碑記	民俗臺灣	2	3
1942 年 5 月 15 日	臺南石敢當	民俗臺灣	2	5
1942 年 6 月 5 日	臺南古碑記補遺	民俗臺灣	2	6
1943 年 1 月 5 日	家藏臺灣關係古文書目錄	民俗臺灣	3	1
1943 年 4 月	關於臺南大媽祖廟	科學の臺灣	18	4
1943 年 4 月 5 日	臺南郊外塚地考	民俗臺灣	3	4
1944 年 3 月 1 日	臺南孔子廟禮樂器考	民俗臺灣	4	3
1945 年 1 月 1 日	安平を語る	民俗臺灣	5	1
1945 年未刊	帶孝	民俗臺灣	5	2

資料出處：莊松林，〈石暘睢先生遺作目錄〉，《南瀛文獻》（臺南）10（1965 年
6 月），頁 50-53。

名勝的地方，特別是寺庵祠廟數全島第一的地方。他又說當局
利用皇民化運動進行陋習矯正、良俗指導，石暘睢也沒有說這
樣對還是不對，但如同《民俗臺灣》其他文章經常見的策略，
石暘睢就說良俗指導陋習矯正最要緊的，就是根本又重要的舊
習俗改善，而為了做好這件事，做好舊習俗的調查就是一件必
要的事。於是包括從本殿配置、前殿配置、鑾駕具、印刷用品、
祭器、審判具、刑具、童乩用具、法官用具、行列用具等，他

圖 1-12　孔廟釋奠儀器，上圖包含簠、爵、三腳鼎、豆、鉶；下圖包含燭臺、簋、登。

資料出處：黃隆正先生

指出這些用具通常出現在何種廟宇。[97]

　　這篇關於臺南寺廟陳設品的文章，具體說出《民俗臺灣》發刊時所面對的文化危機，石暘睢也非得運用一種迂迴的說法，支撐出進行調查活動的空間，從而達到文化保存的效果。

4. 天后宮標售危機

　　除此之外，石暘睢也參與了阻擋大天后宮被標售的事件。顏興在〈臺灣商業的由來與三郊〉一文中，指出日治時期三郊的遺業包括了溫陵媽廟、義民祠、天后宮，而水仙宮外尚有店舖數座，而天后宮的狀況則較危急：

　　當是時天后宮因年久失修，頹敗不堪，方由境眾鳩資略加修葺。適元臺灣總督府文教局宗教調查官宮本延人來臺南調查名勝古蹟，偕石暘睢等至天后宮參觀，石氏為說明該廟係鄭氏時代的「宗人府」遺蹟。而事有湊巧同時值商工會議所亦派員陪同競標人們到天后宮詳看現場。石氏遂乘機向宮本報告標賣天后宮事，宮本悖然不悅且說：「此係臺灣重要的遺蹟，不可太隨便標賣！」。一面請臺南州當局飭臺南商工會議所暫緩標售，一面回臺北向文教局報告，乃命勿售臺南大天后宮，該廟得保存到現在亦云幸矣。[98]

---

97 石暘睢，〈臺南に於ける寺廟の調度品〉，頁26–31。

98 顏興，〈臺灣商業的由來與三郊〉，《臺南文化》（臺南）3：4（1954年4月），頁14–15。

圖 1-13　法繩

資料出處：黃隆正先生

中間還有一段插曲是，住在媽祖廟邊的 60 餘歲老人林得福回憶拍賣媽祖宮經過，記得商工會議欲拍賣三郊組合財產，第一批為媽祖宮、溫陵廟、義民祠等 3 座，「原定九月十日拍賣，到九月九日，當時的市政府職員石暘睢（已故，曾任歷史館負責人），引道三名日人參觀媽祖宮，林得福憤而出來責備石暘睢。」[99]

當時具有公務員身分的石暘睢，一開始雖然被誤解，但顯然利用了一點機巧，借力使力的達到天后宮不被拍賣的結果。

戰前宮本延人花了兩年時間調查，「他不忍這些史蹟被毀棄，同時他以學者的立場，不同意日本政府干涉本省的宗教。」宮本延人教授在 1967 年應聘臺灣，擔任臺灣大學文學院考古人類學系客座教授，他特別指出「離別十八年的臺灣，各方面進步迅速，使人敬佩，這次來臺南能夠看到媽祖宮甚感愉快，因為約廿五年前媽祖宮一度險遭拍賣，他對此曾表示反對意見。」報載「出售廟宇之舉，當然不會受本省籍人士的好感，可是那

---

99 〈本省同胞反對　結果停止標售〉，《中華日報》，1967 年 2 月 26 日，版次不詳。

時候日本政府在臺灣推行所謂『皇民化運動』，寺廟的整理是
該項運動的一環，日人不顧省籍同胞的反對，悍然進行寺廟的
整理。」[100] 因此大天后宮的保存，是在這段石暘睢巧妙的帶著
宮本延人到天后宮的過程中，化解天后宮被拍賣的危機。

二、挖出來的時間：明墓與史前遺址

1. 明墓出土

石暘睢及其同好的調查行動，除了前文所指基於皇民化運
動、都市開發所調查的碑、鐘、匾與寺廟物品之外，最受人矚
目的為明墓的挖掘。臺灣文化三百年紀念會的史料展覽籌備期
間，開展了許多新史料的挖掘，其中「現已發見皇明之墓」就
被視為「……此回之主催，特對大眾具有幸味，有一觀之價值
也。」[101] 事實上，對於古墓出土物的調查，最能經常有效的提
供直接的歷史證據，提供進一步架構早期臺灣史史料缺乏而導
致歷史想像貧瘠的狀況。

石暘睢原是傳統文人出身，但從 1930 年代的相關資料觀
察，他對於明墓考古也扮演了重要的角色。如同 1933 年 11
月，石暘睢就參與了永康洲仔尾鄭其仁墓出土石馬的挖掘。事
實上，就日治與戰後初期的臺灣，開挖墳墓若無公共利益或家

---

100 〈廿五年前舊事新談　南市大天后宮險遭拍賣厄運〉，《中華日報》，1967 年 2 月 26
　　日，版次不詳。
101 〈文化三百年紀念　大眾史料展覽會　最有興趣且有意義　大有一觀價值〉，《臺南新
　　報》，1930 年 10 月 23 日，版 6。

族基於民俗而私為之外，定然是違反風俗，不見容於法律與道德，如同日治時期時而可見的盜墓者到女墳竊取陪葬首飾金器之事。[102] 另一方面，隨著都市開發對於墓地的整頓，各種具有歷史意義的古墓紛紛出土，如 1913 年北門外發現的大規模骨骸中，就有荷蘭墓碑。迄至 1930 年代的墓地整理，確實也出土了陳永華、李茂春等舊有歷史文獻中重要歷史人物的墳墓。[103] 一般來說，具有歷史考古意義的古墓挖掘，多半是因都市計畫或為土地增產而清塚時由相關緣故者，例如親屬親為，或者是親族或者寺廟有意識進行，有時於挖掘過程中，便有學人的加入。[104]

石暘睢曾跟黃典權說明 1942 年探挖李茂春墓的狀況，石暘睢說李茂春墓因為興建中的機場，迫近墓地，恐其遭毀，乃於某日晨約工匠張麟司前往收其遺骸。遺骨置於木盒，墓碑運送入市，並說挖掘過程得一橢圓古硯及永曆通寶若干。[105] 這就是個因為公共建設而探掘的古墓。莊松林回憶 1942 年 4 月，他與國分直一、石暘睢合作發掘明李茂春墓，同年 10 月莊松林和董祐峰合作發掘明洪夫人墓，於是對於臺灣明墓的內部構造與遺物，始有初步的瞭解。數年來對於新史料採集，合作無間，已

---

102 〈掘墓賊 自供約四十處〉，《臺灣日日新報》，1932 年 11 月 20 日，夕版 4。

103 劉宜旻，〈史料與歷史文化的新展示：1930 年臺灣文化三百年祭史料展覽會〉，頁 159–161。

104 朱鋒（莊松林），〈臺南近十年來的考古工作概要〉，頁 99。

105 黃典權，〈夢蝶園主李茂春〉，《臺南文化》（臺南）2：1（1952 年 1 月），頁 57。

有可觀的收穫，差堪告慰宿願。[106]

　　其實，石暘睢的調查對象與方法，最足以與傳統的文物賞玩者之差異，表現在對明墓的挖掘，明墓之所以被重視，在日治時期係因為能為資料少數的早期臺灣史，提供重要的歷史證據，尤其是部分古墓原就載於清代文獻，但能發現墓之原址，自然能驗證許多的事實。而在戰後是由於鄭成功「驅逐荷蘭，收復失土」，因此臺灣被視為反攻復國基地，但清代之後，所留遺物遭蓄意破壞，因此明墓可說是鄭成功時代的唯一遺物，是「民族精神的光輝無比的標幟」。[107] 石暘睢則說「先民墳墓之存失，蓋有幸有不幸也。幸存而有碑可考者，當以明代墳墓為最古」，明墓因此成為了解早期臺灣史的重要材料。[108] 古墓的挖掘行動及其研究也反映在其著作中，〈臺南郊外塚地考〉，完整的調查南門、北門、東門等城門外的塚地，與此相對應的則是他跟莊松林等人開始進行明墓的調查行動，到了戰後的著作〈臺灣明墓考〉，則是田野調查與文獻引證後的結果。

　　舉例來說，石暘睢就經由出土明墓指正了連雅堂的說法。石暘睢在〈臺灣明墓考〉一中，記錄了鄭二公子墓：

兩公子墓在仁和里鞍仔莊，碑大三尺，上書皇明聖之、省

106 莊松林，〈懷念石暘睢先生〉，頁44。
107 朱鋒（莊松林），〈臺南近十年來的考古工作概要（三）〉，頁96。
108 石暘睢，〈臺灣明墓考〉，《臺南文化》（臺南）3：1（1953年6月），頁25–27。

之二鄭公子墓。其南百餘五有庵及塔，在林莽中，均荒發，余擬修之。按聖之名明延平第三子，省之名發，第十子，均早世無出，故留葬東都。考該墓在今臺南市大南門外鞍子，坐東向西，據石井鄭氏族譜記載，四子名睿字哲聖，號聖之，早夭，係鄭成功第四子無疑，前述聖之名明，延平第三子，非也。實是著者連雅堂先生無根據之臆測，明矣。該墓于民國十九年由臺灣文化三百年紀念會重修之。[109]

　　透過出土明墓的墓碑，說明了鄭成功之四子為聖之，非如連雅堂所說之三子。明墓的挖掘直到戰後依舊持續著，並且也具體延伸許多討論議題。1952年石暘睢發現了曾振暘墓，並由此衍生顏思齊墓疑案，關於曾墓出土原委為「臺南市歷史館管理員石暘睢君，於四十一年十一月間在大南門外師爺塚前管事園，發見一明代古墓，墓碑上鐫有『澄邑振暘曾公墓』及『崇禎十五年』字樣，以上述年號來說，該墓較鄭成功之入臺早了19年，南市雖號稱古都，但在『曾墓』發現前，原有之可考古墓，不過為鄭成功之曾蔡二姬墓、鄭公子墓、五妃墓及李茂春墓等，但年代均較『曾墓』為遲，曾墓為目前臺灣發現古墓中的年代較早者，認此為重要史蹟的發現。」[110]石暘睢的發現並繼而引發了顏思齊墓的疑案。

109　石暘睢，〈臺灣明墓考〉，頁26。
110　連景初，〈「顏墓」疑案〉，《臺南文化》(臺南)2：4 (1953年1月)，頁44。

　　曾墓出土時，「省文獻委員會採集組長陳漢光於聞悉後，認為此墓『實不足為奇』，且云：臺灣古墓可據而可考者以嘉義縣之三界埔尖山顏思齊墓為較早。」而此說明之根據則為江日昇與連雅堂在《臺灣通史》中的說法。於是臺南市文獻委員會委員 7 人，就為勘查顏墓前往嘉義。石暘睢的文章指出：

　　墓四週亦無何遺物，側建有顏思齊墓考碑，即卅七年四月嘉義市長宓汝卓所建，（古墓及顏墓考經攝影攜回）據該處（南鄉村）劉村長言，渠由新竹遷至該處已三十餘年過去未聞此墓為顏墓，光復後宓市長來查勘後方聽說。而當時宓市長之所謂發見顏墓，不外因閱連雅堂通史載三界埔有顏墓，所以命水上鄉公所人員調查，聽說鄉公所人員係據該鄉國姓村八十餘歲老人黃天生（黃前年逝世，時八十八歲）所指稱，也即連氏雅言所說：俗稱「番王墓」，此田夫故老的傳說是否信而有徵，殊為疑問，即臺大歷史系教授楊雲萍所撰臺灣史人物之一顏思齊，其中有關顏墓，所弔亦不過連氏的通史，此外遍閱臺灣府誌及諸羅縣誌，以及日人所著各種臺灣史蹟冊籍，均未見有顏墓之記載，則田夫故老傳說中的「番王墓」即為顏墓，證據殊為薄弱。進而得出番王墓為顏墓，實為乏確證之大膽假設。[111]

111　連景初，〈「顏墓」疑案〉，頁44-46。

圖 1-14　曾振暘墓
資料出處：黃隆正先生

　　由曾振暘墓所延伸顏思齊墓的討論，皆可說明地下出土史料對於釐清史實的諸多貢獻。戰後持續著的明墓調查，也使臺南市歷史館累積了不少相關收藏，到了 1955 年，根據《臺南文化》的歷史館專號之紀錄，已有 10 項左右的明墓文物。

　　然而，有趣的是，墓葬文物也挑戰著當時的民俗，或者忌諱者應該也不少。1954 年 11 月的「南嘉雲地區歷史文物展覽會」，相關的古墳展品共有品數 8、件數 32，位在展示書畫、古文書、古墳（墓碑拓片、墳塋照片）的第二室中，「比較不會引起一般觀眾的興趣，但文化界人士則多留連於此」。[112] 或

112　南史，〈文獻紀盛〉，《臺南文化》(臺南) 4：3 (1955 年 4 月)，頁 64。

許因為墓碑拓片、墳塋照片，為風俗上之禁忌，因此較少人關注。

　　在考古求真以及民俗文化之間，石暘睢後來與其同好組織的臺南市文史協會，在 1958 年成立後，首於 1959 年 4 月 5 日，由石暘睢、莊松林、江家錦、黃天橫、邱火松、鄭喜夫等人，備鮮花、紙錢等祭品，祭掃臺南市明墓十餘坵。此後這項傳統援例舉行，直到現今依舊持續著，也說明了石暘睢等人對於出土墓葬崇敬態度。文史協會成立時間，石暘睢仍繼續對於明墓的調查，如 1959 年在關廟發現「明林公墓」、在永康發現「明薛靜沖墓」，1960 年發現「明蔡公墓」。[113]

　　石暘睢與在地文史社群的行動，明確的透過古墓的調查，聯繫了臺南與明代歷史的關係，讓古都過去的想像更為明確化，並由相關明墓墓碑訊息的解讀，嘗試了解這些訊息在臺灣史上的意義，但有趣的是，這些基於歷史與考古興趣的探究，雖有助於我們對於歷史的了解，但石暘睢等前輩，對於這些已經無人祭拜，也不知後人所蹤的明墓，始終尊重，他們用民間習俗的方法，敬拜這些墓。這項傳統一直延續至今。

　　黃典權談及石暘睢〈臺灣明墓考〉的啟示指出：「石暘睢先生的『臺灣明墓考』是一篇考實的文章，許多材料都是實地調查所得，改正舊史的錯誤不少。這給我們一個啟示：我們要

---

113 陳奮雄，〈臺南市文史協會重要記事〉，《文史薈刊》（臺南）11（2020 年 10 月），頁 206–207。

開拓鄉土歷史的新天地，就必須擺脫舊方志的桎梏，往實地調查，群密考索的路上走去。」[114] 黃典權的評價，說明了石暘睢及其當時代明墓考古的意義，具有與文獻史料對話的價值，成為了清楚的歷史證據，此亦說明所謂的古都臺南，這些時間不同的堆疊，其中必須有類似石暘睢這樣的角色，經由他們的努力，臺南的歷史時間甚或城市地景才能具體延伸或者轉化為視覺可感知的城市地景。

2. 史前考古

除了明墓的探掘，石暘睢也參與了若干史前遺址的考古，前文就曾提起 1948 年 5 月，國分直一在六甲頂拾俯散亂的貝塚時，石暘睢就是同行者。[115] 而在鞍子遺址於 1938-1940 年間由石暘睢與谷田幸三調查發現，鞍子遺址因臺南機場興建而破壞大半。鞍子遺址位於臺南機場西南側，鄭成功二子墓附近。北至公墓南側，西至小徑，南至灌溉溝渠附近，東至機場圍牆仍可見遺物分布，遺址可能延伸至臺南機場內；地形上屬臺南臺地西南緣，砂頁岩古沖積土。[116]

江家錦在〈臺南先史遺物的考察〉一文中，也指出臺南先史時代遺物的出土，「始於民國初年，當時市內因建築郵局發掘土地，而發現貝塚石器」。其成果由鹿野忠雄以〈臺灣石器

---

114 黃典權，〈編後記〉，《臺南文化》（臺南）3：1（1953 年 6 月），封底。
115 國分直一，〈石暘睢先生的追憶〉，頁 1–2。
116 臧振華、陳仲玉、劉益昌，《臺閩地區考古遺址：臺南縣市、高雄縣市、屏東縣》，內政部委託中央研究院歷史語言研究所之研究報告。

時代遺物發見地名表〉之名發表，至 1938 年翁長、荻原、國分三氏於臺南郊外牛稠子十三甲亦有遺跡發現，著有〈臺南地方石器時代遺跡〉，而南郊的鞍子遺址，則由石暘睢與谷田幸三挖掘，出土物包括土器：赤褐色無紋土器、石環、紡錘車；石器：半磨製石斧、石製紡錘車。[117]

三、刻劃歷史：大臺南的古碑調查

1. 日治時期的大南門碑林設置與古碑調查

石暘睢於臺灣文化三百年紀念會開始，即參與臺南市相關歷史文化調查活動，其中，古碑為通貫日治時期持續進行的調查對象，現今位於大南門旁的碑林，落成於 1935 年的始政四十年臺灣博覽會舉行之際，其中，石暘睢也參與此碑林的設置。

齋藤悌亮指出碑林設置係因 1933 年 12 月臺南州知事今川淵看見市內各地散見石碑，但未有系統性保存，乃託當時的臺南市役所調查，最後由村上正吉、州地方課的谷田幸三、市教育課的小寺剛介、臺南史料館的野田平八，以及「有志之士石暘睢」進行調查。1934 年 1 月，向州當局提出報告，提出 114基古碑，其中除釐清有無管理人，也對古碑是否風化、被移動之虞等因素進行判斷。同年也將若干伏倒之碑立起調查者，也有 34 基。1935 年 4 月，市役所因計畫設立臺灣博覽會特設館，於是請州當局以州費將古碑移置大南門，計共 45 基（表 1-7），

117　江家錦，〈臺南先史遺物的考察〉，《臺南文化》（臺南）1：1（1951年10月），頁2。

表 1-7　1935 年大南門碑林古碑一覽

序號	碑名	原位址	年代
1	重建烽火館碑記	安平市場構內（元烽火館內）	乾隆三十三年陽月日吉旦
2	護理臺澎兵備道臺灣府正堂蔣德政碑	福住町二／九三路傍（軍工廠前甕城側）	乾隆四十二年三月日
3	示禁海口章程碑	永樂町三／八五接官亭址裡（元安平海關前）	乾隆伍拾參年玖月日給
4	改建臺灣府城碑記	大南門城壁內（元大西門側城壁）	乾隆五十五年秋穀旦
5	諾巡察御史頌德碑	末廣町元奎樓書院址	乾隆五年二月吉旦
6	誥授奉政大夫傅大老爺去思碑	寶公學校（元接官亭附近）	乾隆二十二年葭月（11 月）穀旦
7	建臺陽校士場屋記碑	市役所構內（巡道署址）	乾隆三十二年歲次丁亥仲春吉旦
8	臺灣縣儒學田碑一	開山町法官舍敷地內（臺灣縣儒學址）	乾隆貳拾捌年玖月日立
9	臺灣縣儒學田碑二	開山町法官舍敷地內（臺灣縣儒學址）	乾隆參拾壹年八月日立
10	重建臺灣縣學宮碑記	開山町法官舍敷地內（臺灣縣儒學址）	乾隆四十三年二月穀旦
11	臺灣縣學聖廟重修碑	開山町法官舍敷地內（臺灣縣儒學址）	嘉慶拾玖歲次甲戌日
12	報恩閣碑記	明治公學校構內（蓬壺書院內）	道光癸己十三年
13	學憲楊公興行海東書院碑記	末廣町公學校分教場內（海東書院址）	乾隆伍年歲庚申吉旦
14	重修海東碑記	末廣町公學校分教場內（海東書院址）	

序號	碑名	原位址	年代
15	海東書院曉諭碑一	末廣町公學校分教場內（海東書院址）	道光捌年陸月日給
16	海東書院寄附者碑	末廣町公學校分教場內（海東書院址）	
17	海東書院曉諭碑二	末廣町公學校分教場內（海東書院址）	道光拾年貳月日給
18	重修關帝廳增建更衣亭碑記	本町關帝廟右道路店側（武廟前馬使爺廳側）	乾隆參拾年歲次乙酉季春（3月）
19	接官亭圖碑	永樂町三／八五（風神廟前接官亭內）	乾隆四年巡道鄂善建、四十二年郡守蔣元樞捐俸修
20	恭修萬壽宮碑記	開山町法官舍敷地內（萬壽宮址）	乾隆四十二年二月日
21	萬壽宮圖碑	開山町法官舍敷地內（萬壽宮址）	
22	五妃墓道碑	大南門城壁	乾隆十一年
23	殉難義塚碑	安平公學校前（元安平五忠祠內）	道光十二年十月
24	寄附行為表彰碑	大西門前頂南河街の隘門側	道光拾玖年三月日立石
25	開鑿水溝並修各處工程碑記	明治公學校構內（臺灣縣署前）	咸豐四年九月穀旦
26	安平第一橋碑	港町二丁目港公學校構內（別名二重橋傍の鎮海前營側）	大清同治十三年十二月除夕吉立
27	重修安平第一橋碑	港公學校構內（同上）	光緒十七年十二月日

序號	碑名	原位址	年代
28	運河修工碑	港公學校構內（同上）	光緒十七年孟春（1月）吉旦
29	軍民船取締碑	永樂町風神廟前（接官亭附近）	乾隆拾年
30	不當課稅取締碑	清水町臺灣府署址	乾隆十五年二月日給
31	蒙憲撥免鳳邑里民車運平糶社粟及批免派發軍工鐵炭碑記	永樂町風神廟裡	乾隆拾捌年玖月日吉旦
32	恩憲鄒大老爺告示碑	永樂町水仙宮內	乾隆參拾貳年捌月日給
33	奉憲禁免當鋪採買碑	本町大媽祖宮內	乾隆肆拾壹年月日給
34	墓塚取締碑	大南門城壁	嘉慶柒年拾月日給
35	臺灣縣溫奉憲示禁碑	永樂町景福祠前	乾隆貳拾壹年拾壹月拾壹日
36	城門哨兵取締碑	東門町四丁目龍山寺外壁（元大東門城壁）	道光貳年捌月日給
37	海兵心得碑	永樂町水仙宮前（元安平埠頭）	道光四年六月日給
38	婢女擇配諭示碑	元末廣町奎樓書院から高砂町文昌廟前	道光貳拾年月
39	乞食取締碑	本町關帝廟入口左側	道光貳拾壹年伍月
40	防火章程碑	本町關帝廟入口右側	道光貳拾壹年日
41	城竹取締碑	東門外龍山寺（元大東門城壁）	同治六年三月

序號	碑名	原位址	年代
42	野菜市場取締碑	大南門城壁	咸豐玖年 肆月廿玖日給
43	軍民各種取締碑	大東門前	光緒元年 十月日給
44	嚴禁自殺告示之碑	開山神社裡（元小南門城壁）	光緒二年 七月二十日給
45	碑女保護碑	第一高女花園內（大西門城壁）	光緒十五年 六月日給

博覽會期間為臺灣博覽會臺灣歷史館第三會館。[118]1935 年，石暘睢尚未正式任職於臺南市歷史館，但已投入這項由州廳與市役所發起的古碑調查。

　　不過，石暘睢的古碑調查行動，並未止於 1935 年。1954 年，莊松林在回顧石暘睢 1941 年對於古碑數量及古碑研究理念時指出，「臺南市是本省的古都，已有三百餘年的歷史，所以豐碑短碣到處林立，而且種類眾多，冠於他縣市，因此，臺南市亦可稱為碑林的都市。其數量，「民國三十（昭和十六）年秋，我與石暘睢先生曾作初步調查與統計，僅限清一代的碑碣，就有二百十九件，如果再將碑文載於志書，而現物散佚或隱沒的碑碣，合併統計起來，其數量當更可觀。」[119]而相關成果可參

118　齋藤悌亮，〈臺南碑林〉，收於林佛兒編，《臺灣風土第二冊：考古與原住民之部》
　　　（臺南：臺南市政府文化局，2013），頁131。
119　莊松林，〈臺南古碑的片鱗〉，《臺南文化》（臺南）3：4（1954年4月），頁49。

見石暘睢在《民俗臺灣》2卷3號發表的〈臺南古碑記〉。

　　莊松林與當時已任職於歷史館的石暘睢之調查活動，也經常在石舖發現古碑。例如1941年石暘睢與莊松林合作調查臺南市碑碣時，途經臺南市小西門外某石舖，發現重修龍潭橋誌碑仰臥舖前，石質精美字體端麗，兩人並推定字為熊一本所書。[120] 類似古碑於石舖發現並非顯例，這說明石暘睢關注的歷史文物，在日治時期各自面對不同的挑戰，如前指出皇民化時期對於宗教，或者金屬回收令下的銅鐘，而失去了清代相關告示、頌德等功能的碑，在日治時期都遭遇了被棄置，乃至流於石舖中，等待被再利用的命運。

圖 1-15　南門碑林完成時的照片
資料出處：黃隆正先生

120　臺南縣文獻委員會，《臺南縣志卷十：附錄》（臺南：臺南縣文獻委員會，1980），頁51。

小結

　　日治時期出身石鼎美的石暘睢，因為收藏文獻古物之興趣，而參與日治時期各種以展覽會、歷史館為名的活動，或者貢獻收藏或者參與調查。為此，他也成為職業博物館員，成為臺灣博物館事業發展之初的臺籍館員。石暘睢的調查活動，是一個社群共同完成的成果，這其中包括受過專業教育，當時在學校擔任教師的日籍學者，以及跟他一樣，對於文史調查具有相同興趣的夥伴們。

　　石暘睢身處的環境，呈現了文史調查行動本身所具有的時代性，他跟夥伴們所開展的調查，係以城市開發乃至於特定如皇民化運動為背景，包括古墓、鐘、碑、匾與寺廟祭祀物等物件，因此度過了滅失的危機而有機會保存下來。事實上，如果說臺南是古都，那做為展現古都的人文地景與歷史證據的基礎，無疑地，是必須盡可能留下各種有形與無形的，過去的時間所留下的任何東西。他們的行動，具有把歷史時間保存下來的性質，對於 20 世紀府城臺南之古都形象的構成，扮演著重要的功能。

　　他們的調查活動留下了珍貴的紀錄，這些物件擺脫了過去被定位為審美，或者作為文人賞玩物的功能。他們的成果被用以公共出版的形式，賦予了文史知識一定程度的開放性，他們也指出了如古碑的研究方法及其解釋歷史的價值，在具有方法

意識的想法上，將之定義為認識鄉土史的重要材料。

第二章
臺南市歷史館的奮進
——戰後十六年的館長生涯

第一節　戰後重建的臺南市歷史館

一、終戰後的臺南市歷史館

1. 毀於空襲的臺南市歷史館

　　赤崁樓是臺南的重要名勝，是臺南歷史文化的象徵，最初是荷蘭時代的普羅民遮城，而到日治時期已經被視為見證歷史的文化資產。赤崁樓躲過了戰時的空襲，於是成為戰後臺南市歷史館的所在地，石暘睢於戰後 16 年的館長生涯，全部時間都在此地。

　　日治時期的臺南市歷史館之設置，係奠基於 1930 年臺灣文化三百年記念會展覽會，並於 1932 年在安平成立史料館，並在

歷經 1935 年始政四十周年記念博覽會時，收到捐贈的貴重史料擴充館藏，進而於臺南市中央的大正公園旁（今湯德章公園），興建一座二層樓的建築。建築風格參照了明治神宮繪畫館以及臺北市教育會館展覽會場，並在 1937 年 3 月召聘臺北帝大畢業的齋藤悌亮擔任歷史館主任，歷時將近一年的興建，於 1937 年 10 月 1 日正式開館，而石暘睢則為開館之初的館員。[1]

　　博物館除了一般性展覽之外，應有特展舉行，例如 1938 年由黃伯壎支援清代黃本淵遺墨展，展品包括參考資料共計 40 幾項，這項收費的展覽，期間共吸引了 592 名觀眾參觀。[2]1943 年 6 月還曾因為展示「林則徐大印」而見報的臺南市歷史館，[3]到了戰時便因局勢緊張而暫停開放，並將所有典藏品藏於「館南棧房與本市延平郡王祠內」，1944 年赤崁樓重修完竣，先是在 1 月中，「歷史館部份史料移藏樓中及蓬壺書院內，準備於四月一日在這攬古勝處重新開幕。」、「不料先於三月一日下午零時，盟機大舉空襲本市，留藏於青年路舊館之史料，全部炸毀；儲存在赤崁樓與蓬壺書院者倖免於難，重新開幕的計劃也就成為泡影。」[4]

1　齋藤悌亮，〈臺南市歷史館〉，頁43–48。〈彙報〉，《科學の臺灣》（臺北）5：5（1937年10月），頁18。〈彙報〉，《科學の臺灣》（臺北）5：2（1937年6月），頁22。

2　〈彙報〉，《科學の臺灣》（臺北）6：6（1938年12月），頁29。

3　〈臺南歷史館で林則徐の大印判など けふから特別展覽會〉，《臺灣日日新報》，1943年6月17日，版3。

4　臺南市文獻委員會，〈序〉，《臺南文化》（臺南）4：4（1955年6月），頁II。

1945 年 3 月 1 日，美國第五航空隊出動了「B-24 解放者」空襲臺南市區，投下了造成嚴重災情的燃燒彈，造成臺南市區超過一千棟以上民宅的損壞。[5]

1945 年 8 月 15 日終戰，幾天之後吳新榮迫不及待的來到市區，剛好記錄了民生綠園旁兩館會館、州廳遭空襲後的情況：

先由大銃街入城，始見爆跡之慘。而疎開者歸來之人已多。戰禍與民苦之情景現於眼前。至西門町一望本町方面，宛如古戰場。嗚呼，我所愛的古都，如此變貌了乎！……。至州廳邊，見兩廣會館完全無跡，嗚呼！我心既暗澹了。……至赤崁樓，其偉容依然嚴在，始慰我心。總是過去三百年之一切，即清朝的遺風，日本的色彩，皆為此一戰完全清算去了。[6]

赤崁樓尚存而民生綠園一帶災情慘重，大概也指出戰後文獻中指稱的歷史館遭毀的事實，也同時指出了那些倖免於難、存於赤崁樓的文物，提供了臺南市歷史館在戰後再起的重要憑藉。

2. 另起爐灶的臺南市歷史館
遭遇二戰空襲的臺南市歷史館，不僅博物館遭毀，文物史

5　張維斌，《空襲福爾摩沙：二戰盟軍飛機攻擊臺灣紀實》（臺北：前衛出版社，2015），頁162。
6　〈吳新榮日記〉（1945年8月19日），「臺灣日記知識庫」（https://taco.ith.sinica.edu.tw/tdk/）。

圖 2-1 美軍航照影像呈現大正公園被轟炸情形（圓圈處）
資料出處：中央研究院人文社會科學研究中心地理資訊科學研究專題中心，
〈美軍轟炸任務月報：321BQ, March 1945〉，（http://gis.rchss.sinica.edu.tw/
GIArchive/?page_id=764），最後造訪：2021.11.11。

料的調查與採集陷於停頓狀態，石暘睢也疏開到了鄉間。1945
年 8 月 15 日戰爭結束，石暘睢的摯友莊松林指「先生雀躍大喜，
即行接管臺南市歷史館，並負責保管在赤崁樓之幾百件歷史文
物。十月廿五日臺灣光復，先生被派任為臺南市立歷史館管理
員。日人前館長已被遣送回國。」其實，終戰前夕的 7 月 8 日，
石暘睢的母親病逝，享壽 67 歲，換言之，承擔歷史館復興任務、
當年剛滿 48 歲的石暘睢，是在遭遇喪母月餘之後，就要面對重
建的工作。[7]

　　石暘睢在 1946 年簽准於新修赤崁樓為新館址，將殘餘史料
加以整理數月，略具規模後，於同年 5 月 1 日重新開館，[8] 並由
石暘睢專司掌管，實則為臺南市歷史館的實際管理人，因此那
時的同好都稱他館長。石暘睢以「以北樓房（文昌閣）為第一
室，大部陳列史前、荷據、明鄭各時代之史料；南樓房（海神
廟）為第二室，陳列清代各種史料。」[9]那時剛從軍隊中復員回
家的兒子石允忠，回憶起那段時間，他說為了保護歷史文物免
於被竊，他與石暘睢曾有一年多時間，睡在赤崁樓旁的大士殿，
後來石家的寓所就位在大士殿。

　　莊松林回憶起那段戰後初期的時光，指出石暘睢為了讓臺
南市歷史館重新開幕，因此「嗣於 7 月 6 日在該樓樓上舉辦民

7　賴建銘，〈石暘睢先生年表〉，《南瀛文獻》（臺南）10（1965 年 6 月），頁 47–49。
8　莊松林，〈懷念石暘睢先生〉，頁 44–45。
9　臺南市文獻委員會，〈序〉，頁 II。

圖 2-2　石氏遺宅思無邪齋

資料出處：臺南縣文獻委員會，〈石顧問暘睢先生之回憶〉，《南瀛文獻》，（臺南）10（1965 年）6 月，未編碼。

族英雄鄭成功展覽會，以資宏揚民族精神教育。」而在 1948 年 10 月間，「中國國民黨臺南市黨部籌備臺南歷史文物展覽會時，我邀請石先生協助採集整理史料，以底其成。自是以後我倆又重新合作史料的調查和採集，如有發現石質文物－碑碣、雕刻、器物或木質紙質的史料，石先生定必設法搬入歷史館陳列，藉以充實內容。」[10] 從這段描述中，得以清楚戰後初期的臺南市歷

10　莊松林，〈懷念石暘睢先生〉，頁44–45。

史館，迅即恢復對外開放的展覽機能，並且與日治時期以來，調查研究的老搭檔莊松林，持續進行文史調查工作。

　　從這樣的經驗中，他們共同認為臺南市遺存史料仍多，「為適應實質需要，非再糾合同工合作，成立一文獻機構不可。」他們因此找上臺南市政府教育局謝新周科長，提出此議並得到回應，而於 1951 年成立「臺南市史料編纂委員會」於教育科。同年冬天，因為省府令各縣市成立縣市文獻委員會，才將史料編纂委員會改名為「臺南市文獻委員會」，並於同年 10 月間發刊季刊「臺南文化」創刊號。[11] 石暘睢在此時的正式職務為臺南市文獻委員會委員，兼採訪組組長。

　　對於石暘睢主持下的臺南市歷史館，盧嘉興稱「歷史館所陳列的史料至少有百分之六十以上是石先生一人親手到各處搜尋發掘出來的。而經常所陳列展覽的珍奇文物令人一入館內，即覺琳瑯滿目，美不勝收，使觀覽者如上臺灣史似的獲得深刻的印象。」[12]

　　石暘睢此後一直在臺南市歷史館服務，直至 1961 年 10 月退休，那一年，臺南市政府重修延平郡王祠，利用祠內東南邊空地新蓋一座二層樓房，將赤崁樓的歷史館文物搬到這座新館，名稱改為「臺南市民族文物館」。[13]

11　莊松林，〈懷念石暘睢先生〉，頁45。

12　盧嘉興，〈文獻導師石暘睢先生〉，頁27。

13　黃天橫，〈「臺南市民族文物館」簡介〉，頁135–136。

二、那個稱為館長的人

1. 人人稱他活字典

圖 2-3　任職臺南市歷史館館長時期的石暘睢

資料出處：石頂天先生

就法定的編制來看，臺南市博物館並沒有館長一職，但主其館務的石暘睢，卻一直被稱為館長。這樣一位奔走於田野的調查者，很多人以為石暘睢一定是身形魁梧的強壯之人。我們來看看他的朋友如何形容這位館長。王一剛說「……當時筆者的印象，這位個子小而瘦削的老先生，是一位寡言、誠懇、溫厚、不善詞令的長者。他親自引導筆者參觀，對每一件展出如數家珍一般，說明得很詳細，這令筆者又感到他對這些鄉土資料有無限的厚愛與熱情。」[14] 從日治時期就跟他認識的廖漢臣說「石暘睢兄留著短髮，臉而瘦長，帶著一副深度的近視眼鏡，臉皮厚厚，顴骨高高。說話慢吞吞的帶著濃厚的鼻音，個子矮小，而且有點傴僂，看起來好像一個樸實的村學究。可是無論對待何人，說話的時候，都帶著微微的笑容，所以初次見面，

14　王一剛，〈鄉土資料的活辭典〉，《南瀛文獻》（臺南）10（1965 年 6 月），頁 12。

在我的腦幕裡，就留下深刻的印象。」[15] 李騰嶽第一次見到石暘
睢時，「我就想這本省唯一最古老的歷史館主持人，原來是由
這位矮小，和藹可親而帶有近視眼鏡的本省人來擔任的，彷彿
有點兒意外之感似的。」[16]

　　因此，許多人聞石暘睢之名，而最終親見時，總是帶著點
意外的心情，久仰的文史專家，博物館的經營者，竟然長得如
此瘦小。雖然如此，他卻對於學問的討論格外堅持，王一剛就
記得「石暘睢先生平素是一位溫文爾雅，沉默寡言的人，可是
他對臺灣文獻工作那一股異平常人的熱情，偶有機會表露的時
候，卻判若兩人，滔滔不絕善辯起來。記得當鹿耳門問題正在
熱烈地由各方面討論的時候，有好幾次他來到臺北，跟筆者談
到此事，他又破了沉默，雄辯起來，而且詞鋒尖銳，令人感到
驚異。」[17] 為了鄭成功登陸地的問題，支持顯宮派的石暘睢，也
可以詞鋒尖銳的與人辯論。在學友眼中，身形雖然瘦小看似柔
弱的石暘睢，但卻是個活躍於田野中的人，更是一個為了據理
力爭而與人雄辯之人。或者如石暘睢也曾跟莊松林說「他認為
最痛恨的一件事，就是少數文獻販子，僅讀了數年舊文獻，自
居為史界權威，為了沽名釣譽，喪失了史德，擅自捏造史實，

15　廖漢臣，〈學界的墊腳石—憶石暘睢兄〉，頁14。

16　李騰嶽，〈在我記憶中的石暘睢先生〉，《南瀛文獻》(臺南) 10 (1965年6月)，
　　頁5。

17　王一剛 (王詩琅)，〈鄉土資料的活辭典〉，頁13。

妄加考證，擾亂學界求真，成為不可赦免的千古罪人。」[18] 違反
了他所認知的真理，石暘睢也是有那麼嚴詞犀利的一刻。

石暘睢身形即使瘦小，但如廖漢臣追憶，「……我寄籍在
臺南的時候，三人常常聚在一處。三人也時時結伴到郊外去採
風問俗或搜尋文物。石暘睢兄一見比我們孱弱，但是兩支腳比
我們壯健。一天跑多少路，他都不曾露出疲倦的神色。……不
過這樣健強的腳並不是與生俱來，而是多年從事實地的調查，
穿山越嶺，不知跑了多少崎嶇的道路，鍛鍊而成的。」[19]

再者，石暘睢在鄉土文獻資料方面的淵博知識，如同盧嘉
興就指石暘睢為「文獻導師」，是學術討論田野指引的重要前
輩。「尤其對於臺南的一古屋、一小碑莫不瞭若指掌，益使筆
者欣佩，益信人家稱他為臺南的活辭典，絕非過譽，可以當之
無愧。他任職臺南歷史館長也並非偶然的。」、「活辭典這個
名詞，顧名思義，就是甚麼都懂，包括文字上沒有記載，也沒
有記錄的，也都知道的活生生的辭典。」以上贊言亦為王一剛
所指。[20] 石暘睢過世之後，臺灣大學教授楊雲萍也指「許多人稱
他是有關臺南的『活字典』，就是說：凡是有關臺南地方的事
情，無論是一座寺廟，一條街巷，一方石碑，以及傳說、掌故，
他都如數家珍，可詳詳細細告訴你。」[21] 鄭喜夫在回憶與石暘

18　莊松林，〈懷念石暘睢先生〉，頁46。

19　廖漢臣，〈學界的墊腳石—憶石暘睢兄〉，頁15。

20　王一剛（王詩琅），〈鄉土資料的活辭典〉，頁12。

21　楊雲萍，〈石暘睢先生的追憶〉，《南瀛文獻》（臺南）10（1965年6月），頁7。

睢的相識過程，也說「多次追隨石先生等前輩從事田野調查，或參觀其思無邪齋豐富的庋藏，恭聆其寶賞的教益，深深體會到石先生被其他文獻前輩尊為『鄉土資料的活字典』之名不虛傳。」[22] 那個被稱為館長的人——石暘睢，被視為臺南歷史文化的活字典。

2. 臺南研究的引路人

從現有文獻來看，戰後初期幾乎每個帶著田野調查與學術研究的目的而來到臺南的人，都跟石暘睢有交集，這些人對於臺南的調查，也都有著石暘睢的引路與建議。

戰前就跟石暘睢熟識的國分直一，戰後憶起兩人的最後一次見面，就是一起去六甲頂採訪貝塚，那年是 1948 年 5 月，不料，一個軍人拿著槍指向國分，石暘睢不斷用日語解釋，直到軍人倒出他們的採集物——貝殼，軍人一見呆住，才將他們釋放。國分為此感念石先生對於學問的熱情、愛護正義的心與溫暖的友情。[23] 1953 年，對於六甲頂貝塚同感興趣的臺大教授石璋如，也在石暘睢帶領下到六甲頂貝塚採集，並撿獲「史前先民所出之石斧、石劍各一片及無紋黑陶、赤陶等碎片。」[24]

戰前就跟石暘睢認識的廖漢臣，指出了他在臺南任職於可爾必思公司時就與石暘睢認識，並且承蒙石暘睢的協助，開展

22　鄭喜夫，〈祝福與感激─為臺南市文獻委員會成立五十週年作〉，《臺南市文獻半世紀》（臺南：臺南市文獻委員會，2003），頁 721。

23　國分直一，〈石暘睢先生的追憶〉，頁 1–2。

24　〈滄海變桑田，遺跡猶宛然〉，《臺灣民聲日報》，1953 年 5 月 21 日，版 4。

了田野的調查，他因此認為石暘睢是「堪稱為研究臺南歷史最好的嚮導人，所以自數十年來日人或省人到臺南調查當地的史事民俗，多多少少，都有得到他的協力，許多輝煌燦爛的研究論文，大半也是以他為墊腳石。」[25] 而曾與石暘睢在臺南市歷史館共事過的盧嘉興，曾指出那時對「鄉土史事一無所知，經石先生諄諄的指導下，始悉鄉土史的重要，對鄉土文獻開始發生濃厚的興趣，那時候曾就臺南名勝繪成『臺南十二勝景圖』，資料多係由石先生所提供，景題與賦詩也都出於他的指導。」[26]

戰後初期石暘睢攝理歷史館館長工作時，吳守禮就聽聞石暘睢個人收藏豐富，也寫了不少臺南鄉土史的文章。因此他就「到了赤崁樓，投刺求見。我們一見如舊，他又是很客氣地帶我們觀覽全館，然後讓進，就在館址旁邊的他的宿舍。」、「他年紀比我們大不了多少，顯然有老態了，可是毫無厭煩之意，領著我們一條街，走過一條街，直到他所熟悉的古董舖。」[27]

而曾經自言，「我無論在日據時代，或光復後，每到臺南，差不多每次都去找他。」[28] 的楊雲萍，則跟石暘睢有相當密切的互動。楊雲萍回憶 1948 年石暘睢引路訪查臺南各地蒐集資料，那趟的目的是「臺灣光復後的第三年，即民國三十七年，在臺

25　廖漢臣，〈學界的墊腳石—憶石暘睢兄〉，頁14。

26　盧嘉興，〈文獻導師石暘睢先生〉，頁28。

27　吳守禮，〈石暘睢兄與古本臺灣歌曲〉，《南瀛文獻》(臺南)10 (1965年6月)，頁9。

28　楊雲萍，〈石暘睢先生的追憶〉，頁7。

北舉行一次規模相當大的博覽會。一部分為『臺灣歷史館』，展覽有關臺灣的史料。我和蘇惟梁先生等負責資料的蒐集和陳列事宜，乃同到臺南蒐集資料。此次臺南之行，受到石暘睢先生很多的幫助。」[29] 那段期間是從 1948 年 9 月 24 到 27 日，石暘睢陪著楊雲萍等人，為了展覽所需的展品借用與內容研究，進行了四天的調查行程。

　　搭著 23 日夜車的楊雲萍一行人，在 24 日清晨 7 點抵達臺南，他們先到了旅館四春園安頓，9 點半訪卓高煊市長，市長命韓科員同行訪歷史館，會石館長暘睢，並且一起去拜訪張江攀，觀寧靖王玉笏。「據江氏說：別無證據必為王物。無王凱泰詩（按「臺灣雜詠續詠詩註」），所云『朱術桂』三字。」然後他們那天又去武廟邊觀馬使爺廳、武廟與大天后宮，也到聖王館口，調查接官亭石坊，又到大廠口觀在魚塭中的軍工廠圖碑。之後又到萬福庵照牆後，訪施厝衙（施琅舊衙）與萬福庵——阮氏夫人祠，其中有明代樣式的阮公神主，再至天公埕觀天壇，到大上帝廟街拜北極殿；到番薯崎觀小南天福德祠；至嶺後街觀林朝英故宅及中書第匾；「到油巷尾謁延平郡王祠，購拓片二；到柱仔行謁孔廟」；最後再到講古腳黃伯壎宅觀徵士第匾與西轅門陳本銓宅看鄉賢匾，以上楊雲萍等人均予攝影記錄。[30]

29　楊雲萍，〈石暘睢先生的追憶〉，頁7。
30　楊雲萍，〈石暘睢先生的追憶〉，頁7-8。

　　9 月 25 日，楊雲萍 9 點就去拜訪石館長，然後一起搭乘三輪汽車到安平，訪熱蘭遮城舊址，遊二鯤鯓砲臺。晚上訪黃寬氏，借閱《臺灣採訪冊》，雖然不知石暘睢是否同行，但此七卷分訂 7 冊的古書，原為石氏舊藏。9 月 26 日，早上與石暘睢訪張振樑氏，借「民主國股份票」一張。乘三輪汽車到三分子開元寺觀鄭成功墨蹟，楊雲萍指「鄭氏書只此可靠」。之後再訪寧南門、大南門，探查目前在赤崁樓但戰後初期時在南門的九龜碑，並觀 1935 年完成的碑林陳列場。之後到小南門外遊，留存夢蝶園碑記、鄉進士李先生墓碑、閒散石虎墓碑的法華寺。9 月 27 日，再訪石暘睢。隨後訪市長告辭，並商借施琅功德碑拓本等。[31]

　　楊雲萍的臺南調查行程，天天都有石暘睢陪同，細觀這些緊湊而有效率，路程都取最近距離的調查活動，一定有在地專家陪伴，同時也應該是石暘睢的引薦，讓這些拜會的行程，都能直指需求的完成任務。幾年之後，楊雲萍回憶起這件事，他說「假使不是這位有關臺南的『活字典』的東道幫忙，我們一定沒有如此收穫。博覽會的『臺灣歷史館』的展覽，略有一點成就，石先生的功勞是不要被忘記的。」[32]

　　接受石暘睢協助的也不僅限於外地來的研究者，當時初到臺南的黃典權曾為文〈萬福庵遺事〉，文中提到萬福庵「不獨

31　楊雲萍，〈石暘睢先生的追憶〉，頁7–8。
32　楊雲萍，〈石暘睢先生的追憶〉，頁8。

省內知道的人很少，在本市怕也絲毫得不到人家的重視」、「好
像它根本就配不上是名勝古蹟似的，它僅僅是個愚夫愚婦求神
問卜的庸俗廟宇而已。」但在一次偶然的機會中，「我得到石
暘睢、莊松林二先生的指引，既又讀臺灣縣誌中的記載，然後
才發現這個廟宇曾埋藏過一段幽怨的往事，有稽攷的價值。」
黃典權又寫著後來的發展：

　　有一天我約定石暘睢先生到萬福庵去作實地的攷察。在
庵右的阮夫人堂中，得目觀阮季友的木主，那木主正面這樣寫
着：明英義伯顯考忠烈季友阮公神主。背面套木上記明他的生
卒年和陣亡的地點：生於崇禎戊辰（崇禎元年，公元一六二
八）年拾月初玖日辰時。卒於永曆丙申（清順治十三年，公元
一六五六）年捌月念陸日申時。陣亡寧波府昌國衛舟山律港。
石先生又指着高几上一只約莫一尺半高的康熙白地藍的大花瓶
給我看，只見瓶上橫琢着「阮夫人寺」四個字。我們端詳神主
和花瓶這些實物不斷地討論着，得到如下的結論：從阮季友木
主所記他的生卒年推算，他的壽命纔只二十九歲，他夫人的年
齡大概比他少一、二歲，年青寡居是沒有疑問的，阮季友　於
永曆十年殉職舟山他自然沒到過臺灣，他的木主該是阮夫人在
永曆十八年隨大軍由金門銅山東撤背着跟來的。阮夫人到臺
灣後就在今日的萬福庵，長齋禮觀世音菩薩，歿後坊人改建為
寺，遂以阮夫人寺名之；改為萬福庵當是鄭氏覆亡以後的事。
石先生那時提議說：「延平郡王祠西廡從祀有『定海殉難阮

駿』之牌位，阮駿該就是阮季友，如能從史乘孜查出阮駿的詳
細歷史，也許可以寫成一篇較為完整的阮夫人傳。」[33]

　　石暘睢從文物中提醒黃典權「阮夫人寺」的線索，也從廣
泛的田野經驗中，指出了阮季友與延平郡王祠「定海殉難阮駿」
應為同一人，並且由此鼓勵黃典權結合文物和文獻撰寫阮夫人
傳。

　　此外，石暘睢也提供了黃典權研究蔣公子的線索，「去年
從石暘睢先生處知道那傳說紛云的蔣公子便是清乾隆年間做臺
灣知府的蔣允焄。此後我頗為蔣允焄的歷史花了些精神，從臺
灣全誌，我差不多盡讀了所有關於他的紀錄和他被引載的文章。
但是府誌及各縣縣誌都不載他的傳記，那些零碎的材料終是沒
法子得到連貫的線索。」、「據石暘睢先生說，他曾看到允焄
親題的一塊刻石，全文如次：人生到處知何似？應是飛鴻蹈雪
泥。泥上偶然留指爪，鴻飛那復計東西！錄蘇文忠公句，金竹
蔣允焄題。這個石刻現在已不知那兒去了？但是允焄的飄泊無
定，人世渺茫之感，已可由之領會出來。」[34]

---

33 黃典權，〈萬福庵遺事〉，《臺南文化》(臺南) 2：2 (1952年4月)，頁30–38。
34 黃典權，〈由蔣公子說到蔣允焄（上）〉(臺南) 3：1 (1953年6月)，頁68–69。

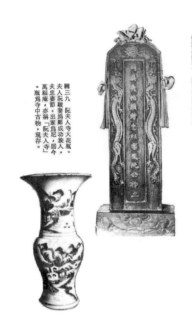

圖三八　「阮季友神主」季友名駿，浙江人，有
說為閩人者蓋誤。魯王封為英義伯，後歸
鄭成功，深受看重，守舟山陣亡。神主為
麥鄭氏捧至台，現存台南市萬福庵。

圖三九　阮夫人寺大花瓶，
夫人阮駿妻為鄭成功旗人，
夫忠妻節，出家為尼，居今
萬福庵，亦稱「阮夫人寺」。
瓶為寺中古物，現存。

圖 2-4　阮季友神主與阮夫人寺大花瓶

資料出處：《臺南文化》（臺南）9：2（1972
年 6 月），頁 19。

三、十年有成的調查行動

1. 「文物專號」與「歷史館專號」

在臺南市文獻會的工作架構下，《臺南文化》的編輯是屬
於編纂組負責，而其組長則為黃典權，石暘睢則為採訪組長。
從 1954 年《臺南文化》4 卷 2 期「文物專號」與 1955 年 4 卷 4
期「歷史館專號」等兩冊中，可見石暘睢的文物調查行動，最
終之成果。從戰後 1945 年算起，這個約莫 10 年的調查行動，
可以說是集臺南公私收藏於大成。

《臺南文化》4 卷 2 期「文物專號」，蒐羅了不僅由臺南

子種製茶
(206-27)

保城友氏
(206-1)

(206-2)

(206-3)
蘇家製九及張氏炊

(206-4)

圖 2-5　大型與特大型安平壺
資料出處：臺南市文獻委員會，
〈圖片〉，《臺南文化》（臺南）4：
4（1955年6月），頁5。

市收藏之文物，也包括了許多藏於民間的珍貴資料。這些成果
據黃典權表示「本會委員兼採訪組長石暘睢先生之力獨多。石
先生研究鄉土歷史三十餘年，地方掌故，幾無不悉。……說明
資料大半由所供給，而選件編排，亦與編者始終共之。」[35] 文物
專號中是以：匾、像、金、石、木、書、畫等為主，蒐羅了各
類的公私收藏。是文獻會由攝取 600 餘幀影藏中選編以成者，
總計207幅。[36] 其中「臺南存匾，為數至夥，據石暘睢先生調查，
總計現存三百四十件。舉凡衙署、學校、廟宇、寺院、故家、

---

35 黃典權，〈編後記〉，《臺南文化》（臺南）4：2（1954年11月），封底。
36 臺南市文獻委員會，〈凡例〉，《臺南文化》（臺南）4：2（1954年11月），頁 VI。

宗祠、行郊、園林，均可見之。」[37] 因此，由文獻會就臺南文物
的議題所編輯的專號，也可見石暘睢在其中扮演的角色。

　　而4卷4期的「歷史館專號」中，開門見山就指出「十年
以來，在經費非常支絀的情況下，歷史館算是極盡蒐羅之能事，
資料的品件比日據時代增加了二倍多。這一方面要歸功石暘睢
先生的努力，另方面更要感激民族主義維護之下的溫暖。」[38] 這
段文字說明了從1945年到1954年之間，在二戰空襲衝擊下的
歷史館，如何累積了較之日治時期多出兩倍的收藏。

　　經由此專號也可得知歷史館對於文物的典藏現況與分類架
構。專號中將文物分為：甲、建築。乙、圖像。丙、陶瓷。丁、
石刻。戊、木刻。己、文書。庚、輿服。辛、貨幣。壬、兵器。
癸、其他。並「類以十干冠首為別，挨次以阿剌伯數碼序之。
各類藏品復略按時代先後編次為號碼。」並收錄141張照片與
207則說明，透過分類、照片與說明，完整呈現歷史館的典藏。

　　其次，這些文物的說明提供了重要的收藏史線索，得以部
分重建10年收藏資料由何而來的脈絡。如建築類的白鷺卿重修
縣署時置樑籤是日治時期州廳得之移歸歷史館。清代安平關的
海關地界石，為1955年4月底自安平民家運存本館。陳宅界址
石則是在1955年由總趕宮路邊運藏歷史館。館內所收藏的29
個安平壺之中，大多為臺南市區安平間之出土物，「係宋、元、

37　臺南市文獻委員會，〈匾〉，《臺南文化》(臺南)4：2 (1954年11月)，頁1。
38　臺南市文獻委員會，〈序〉，頁II。

明三代後出產之瓷器，計有特大、大、中、小諸型。」來源有
5 件是日治時期的藏品，23 件為購藏，另一件是關帝廟邊王狐
先生所贈。另外，1953 年 5 月永福路鋪柏油路時發掘不少陶瓷
品，出土品不知何故散置不同人手中，最後也都捐給了博物館，
例如建窯甌、青花碗均為永福路林彩所贈，另有棕釉罐、青花
碗則為王不纏所贈。綜上可知，藏品來源從移撥、購藏、捐贈
等各種可能性皆有。以上說明均指出了文物來源。或者如沈葆
楨與劉銘傳書聯則清楚說明原件已毀，先收藏者為復刻版本。[39]

　　「歷史館專號」為臺南的文物收藏史留下了重要的紀錄，
我們也得以據此理解，收藏行動背後的社會脈絡。對於這 10 年，
莊松林曾經指出「自是以後我倆又重新合作史料的調查和採集，
如有發現石質文物－碑碣、雕刻、器物或木質紙質的史料，石
先生定必設法搬入歷史館陳列，藉以充實內容。」[40]就以古碑為
例，「近聞有人估計清代的碑碣，全省約達四百餘件，而南部
臺灣約佔三分之二，僅臺南市一地，就擁有二分之一。如此豐
富的史料，各縣市文獻委員會若能通力合作，加以整理，輯成
一書，確是一部貴重的文獻，貢獻於修志工作至大。」[41]莊松林
的紀錄大致上指出了石暘睢在戰後的調查行動。

　　另外，調查活動的開展，具有延續性者尚有明墓的調查，

39　內容整理自臺南市文獻委員會，《臺南文化》(臺南) 4：2 (1954 年 11 月)。
40　莊松林，〈懷念石暘睢先生〉，頁 44–45。
41　莊松林，〈臺南古碑的片鱗〉，頁 49。

戰後初期的調查中，就有鄭旭初墓以及蔡孺人母子墓的出土。鄭旭初墓是在修許申墓時發現，而修鄭旭初墓時又發現蔡孺人母子墓，臺南市文獻委員會並于同時將蔡孺人母子墓與鄭旭初合葬為一墳。[42] 在「歷史館專號」中，又可見不少館藏是來自於出土明墓。如得於陳忠欽墓與鄭旭初墓的永曆通寶 4 枚。銅鏡 1 面、橢圓小硯 1 箇是出於鄭旭初墓。棕釉矸 4 箇得於陳忠欽墓。水銀 3 公斤得於鄭旭初墓。[43]

　　在田野調查中的石暘睢，除了對於文史資料感到興趣，有一則報導指出了他對於自然遺產的眼光，報載有一回石暘睢在楠西一帶調查，看見稱為綠珊瑚的綠玉樹，這種植物在《臺灣府誌》中都曾被記錄過，「本省目前已不多見，卅年前則頗盛產。」因此綠玉樹被石暘睢移植到歷史館內。[44]

　　這約莫 10 年的積累，除了有賴於歷史館調查活動的持續開展，也依靠文史同好的捐贈，黃典權便曾敘述石暘睢敦請他人捐贈文物的努力。「……樓下是歷史館，我天天道經其間，所列資料，目睹已熟。而與歷史館的石暘睢先生更是時常過從，多所討論的，我深知他經營的苦心。館中藏品沒有一件不經他花過心血。最難得的是他善用勸誘的方式，不需經費而獲得了許多珍品。光復後的十年，他已超過日據時代所有的成績，這

42　石暘睢，〈臺灣明墓考〉，頁27。

43　臺南市文獻委員會，〈說明：（癸）其他〉，《臺南文化》（臺南）4：4（1955年6月），頁113。

44　〈臺南山野問，發現綠玉樹〉，《臺東新報》，1955年6月25日，版2。

圖 2-6　石暘睢與鄭旭初墓合影
資料出處：黃隆正先生

真叫人可感。」[45]

　　此處所指勸誘，如賴建銘就提及因石暘睢勸說，而捐贈臺灣民主國郵票，賴建銘指出 1949 年「曾受了臺南市歷史舘長石暘睢先生的再三慫恿，我自己也感到這些郵票是一個大時代轉變中所產生的遺物，不僅自由中國的臺灣，同時也是富有國際性的歷史文物，終于從收藏之中割愛一套，贈與本市歷史舘，以充臺灣歷史遺物的陳列，自臺灣民主國郵票陳列後，不但引起臺灣郵壇的關注，並且各界人士亦咸稱為珍品。」[46] 因此臺南

45　臺南市文獻委員會，〈編後記〉，《臺南文化》（臺南）4：4（1955年6月），封底。
46　賴建銘，〈臺灣民主國郵票〉，《臺南文化》（臺南）2：3（1952年9月），頁34–46。

市歷史館之所以藏有罕見的民主國郵票，即是來自賴建銘的捐贈。

　　石暘睢不僅勸別人捐贈，也將自己的收藏捐給歷史館，仔細審閱《臺南文化》「歷史館專號」，其中共有四項：一、「洋磚（205）光緒十五年（一八八九），英領事館設於安平，此件係期鋪用之磚塊，縱一〇，橫一五公分，石暘睢先生購於古物攤，移贈本館，陳列第二室。」[47] 二、「墾照（509）一紙，縱六三・七，橫五一・八公分，石暘睢先生所贈，陳列第二室……」，其內容關於道光年間「軍工船廠沿北曾文一帶海坪各塭沙泥雍積漲成市埔頗堪開墾業」並「招佃開墾征完租習以為歲入軍工船廠港道之費等……」[48] 三、「永曆通寶（三種）（702・1・3）延平郡王鄭成功闢臺之後，日本德川幕府於嘗其鑄錢援之，頗流行於東寧，今明間尚多見之。藏件石暘睢先生所贈，陳列第一室。」[49] 四、「火藥罐（804）火藥罐，係清代兵勇佩用之火藥容器，以水牛角製成，長三三公分，石暘睢先生購自古物攤，移贈本館，陳列第二室。」[50] 以上四件多為石暘

---

47 臺南市文獻委員會，〈說明：（丙）陶瓷〉，《臺南文化》（臺南）4：4（1955年6月），頁90。

48 臺南市文獻委員會，〈說明：（己）文書〉，《臺南文化》（臺南）4：4（1955年6月），頁106。

49 臺南市文獻委員會，〈說明：（辛）貨幣　衡器附〉，《臺南文化》（臺南）4：4（1955年6月），頁110。

50 臺南市文獻委員會，〈說明：（壬）兵器〉，《臺南文化》（臺南）4：4（1955年6月），頁113。

睢自有收藏，於自購後贈予博物館者。

　　從歷史館專號中，我們可以得知文物研究與蒐藏體現出的三個意義，臺南市歷史館延續自戰前的調查研究行動，從石暘睢的行動中，可具體看見是被延續而且有更豐足的累積。其次，若干文物經由購藏，並有類似文物鋪的角色，意味著這些歷史文物所具有的商品身分，這些文物交易的目的尚不清楚，但對應出一個賞味與收藏骨董的社群需求，應該是合理的推測。最後，收藏文物中，有許多來自於民眾的捐贈，這說明了文化資源視之為公共財的一種可能。以上三點，都足以讓我們理解戰後初期的臺南市歷史館的專業發展與公共性的特徵。

　　戰後十年，臺南市的文物調查與歷史館的館藏新增，經歷了一個高峰期，就行動來看，雖然博物館經費應該不充裕，但在各種取得方式的運用下，館藏累積有很大的成長，從黃典權、莊松林等人的描述中，石暘睢扮演了很重要的角色。一直到今天，赤崁樓周遭布置了許多石刻文物，這其實都是戰後初期十年間，臺南市歷史館戶外展示的一部分。

2. 展覽中的地方史立場

　　石暘睢主持的臺南市歷史館，除了持續於戰後發展收藏之外，博物館最重要的遊憩與展示機能，更是當中不可或缺的一部分。「歷史館專號」中曾提及位在赤崁樓的歷史館「……不獨是臺南市民盡人皆曉的處所；同時更為來南旅客所不能放過的觀覽勝地。」、「據該館所作的遊客概略統計，及編者兩年多朝夕與處的觀察，從沒發現它一天被人冷落過。」即便是星

期一休館日「懇求破例開館的，每星期都有。到了星期日，或是國定的假日，更常見客人擁擠到無法轉身，同一時間可以看到十幾架手相機在拍照。」[51] 因此，這座位在赤崁樓的博物館，應為戰後初期市民參觀或者觀光客來訪時，經常造訪的景點。

　　1946 年 5 月 1 日，臺南歷史館重新開館，兩個月之後，便辦理鄭成功展覽會。1948 年 10 月，國民黨南市黨部籌備臺南市歷史展覽，石暘睢協助整理史料。兩次的展覽，似是為大規模的調查暖身，此後臺南市文獻會成立，並出版《臺南文化》。1954 年《臺南文化》4 卷 2 期「文物專刊」的出版，編輯群感受到實物跟文字史料的刊物有著同樣的重要，因此在 4 卷 3 期增加「文物存真」。4 卷 4 期的「歷史館專號」，為文物存真專欄的擴大，編者們認為也許會提高市民對鄉土歷史的認識。[52]

　　1945 年開始，直到《臺南文化》用兩期綜整了戰後將近十年時間的調查。而這些成果在 1954 年 11 月 25 到 28 日的「南嘉雲地區歷史文物展覽會」，成為一場對公眾開放、相當有規模的展覽。媒體也認為廣搜散在民間各地的臺灣歷史文物及民族文化的精湛作品，「集中展覽裨易澈底認識民族文化，加強並發揚民族精神這一點而說，雲林、嘉義、臺南等四縣秋季歷史文物展覽會，誠為一件盛事。」[53]

51　臺南市文獻委員會，〈序〉，頁 II。

52　黃典權，〈編者的話〉，《臺南文化》(臺南) 4：3 (1955 年 4 月)，封底。

53　〈南市文物珍品〉，《聯合報》，1954 年 11 月 22 日，版次不詳。

展覽會場位於臺南市議會禮堂，展覽中展出的文物都是與臺灣歷史文化有關的作品，共 360 餘件。[54] 其中「臺南市是從歷史館提出一百四十五件文物參加展覽，另加以少數私人珍藏，擇要介紹如下：鄉試硃卷：許南英進士和石曜宗舉人的考卷。書院課卷：有海東書院王鏡清、崇文書院洪作舟、蓬壺書院王揚烈、奎璧書院陳河源等課卷。宋硐：有芸友二字者一個，有藍環者一個，筒形者大小各二。文廟祭祀用器：太尊、著尊、壺尊、爵、登、鉶、簠、簋、籩、編鐘等，是乾隆四十二年知府蔣元樞所獻，本省各縣市文廟中，僅臺南文廟有這些東西。」展場分為三個部分：第一室擺放文廟文物及其他大型器物，第二室多屬書畫、古文書、古墳（墓碑拓片、墳塋照片），第三室為服飾、圖像與參考品。[55]

不寬敞的會場，第一天便有五、六千人將會場擠滿，甚至把圍繞著展品的欄杆給弄壞了。對於類似的展覽活動，石暘睢等的想法為何？莊松林說「我們（石暘睢）將塑像列入展覽，是有兩個用意：一是要將肖像的史料價值俾使各界認識，二是作為拋磚引石之用，果然在會中，引起各方的重視，會後也有獲到如期的收穫。」在塑像的調查上，展覽後能得李勝興夫妻像、鄭氏始祖像等，都是由展覽中所得到的回饋與線索發展而

---

54 〈臺灣的石刻和雕塑〉，《臺灣新生報》，1954年11月22日，版次不詳。

55 〈崇高博大文采風流 介紹南嘉雲地區歷史文物展覽會〉，《中華日報》，1954年11月22日，版次不詳。

成。[56]換言之，石暘睢與同時代以著書寫作為主的同好最為不同之處，是因其負責歷史館工作，而他確實也意識到歷史館在推介歷史文化知識上的功能，清楚了解展覽與社會對話的關係。

　　在此展覽中，中國文物被列為參考品，而沒有放入展示脈絡，或者開頭的位置。《臺南文化》中自陳「有些是漢唐宋明之遺，那雖然與開闢臺灣無何直接的關係，但在今天見物懷舊，最足以觸發反攻復國的思想。」換句話說，對於他們而言，這種宣稱將大陸文物，放在一種極具解釋空間的「懷想」上，也將大陸文物放在一個與「雲嘉南文物」沒有關連脈絡的關係中，對於這項「地區歷史文物展」而言，展覽是經由其自陳具有濃厚鄉土味，藉以發揚民族精神之功能。[57]這種鄉土意義的強調，也同時在展覽開幕時，舉辦的臺灣省文獻工作會議可以看見，南市文獻會主委楊請市長指出「一、鄉土文化對民族傳統維繫非常重要，我們要加緊採訪整理編撰。二、臺南為我民族古代開發臺灣大本營，在此集會易使人發懷古幽情。三、各縣市文獻工作人員今集於一堂，大家由探討研究、交換意見，定可得到美滿效果。」[58]不管就展覽與文獻座談會，其所聯繫的鄉土、地區、地方歷史與民族精神的關聯，並沒有被去地方、中央集權的國家化等概念取代。因此，筆者可以指出，類似由石暘睢

56　朱鋒（莊松林），〈臺南近十年來的考古工作概要（二）〉，頁113。

57　南史，〈文獻紀盛〉，《臺南文化》（臺南）4：3（1955年4月），頁64。

58　〈全省文獻工作人員　昨在南市集會〉，《臺灣新生報》，1954年11月26日，版次不詳。

及其同時代學人所規劃的展覽,是以地方歷史文化為核心,與其地方性的歷史館之定位相互一致。

當然,與此共在的,則也可看見《臺南文化》有時也會看到符合時局價值的口號,例如強調「發揚民族精神」、「可以看出在臺灣血脈相承的中華文化,雖經強暴的宰割蹂躪⋯⋯」或在幾乎每期的發刊詞中,也不忘強調「沉淪異種宰割五十年,然民族性屹屹長存⋯⋯」。[59] 乃至於媒體也有著「南雲嘉文物展觀後⋯⋯臺灣受日人統治五十年,在當時,日本所處心積慮就是想改變臺灣的中國文化的素質,」也指出經由此項展覽可以認識「中國文化始終沒有被征服,有不少反清抗日的文獻資料,一直為有心之士什襲而藏,一日重歸故國展現於眼前,儘管是斷簡殘編,都是吉光片羽,一頁書一片石一幅畫,無一不充分表露偉大深厚的中國文化精神。⋯⋯清末抗日烈士林崑岡先生遺物考生監和抗日書翰,時隔數十年,尚虎虎有生氣。」[60] 以上論述一者是媒體一者是文獻會自身的立場,文獻會並未強調抗日,而是訴求雖經殖民統治但民族性尚存,這很容易理解為從日治時期開始的鄉土愛乃至皇民化運動時,對於臺灣民俗文化所造成的影響,而發出的民族文化的認同。而就媒體而言,則是基於中國抗戰經驗,而強調了乙未之役的抗日。兩者之間,因為強調的重點不同,也可以看到對於過去歷史強調的重點也

---

59 南史,〈文獻紀盛〉,頁64。

60 〈南雲嘉文物展觀後〉,《聯合報》,時間、版次不詳。

不盡然一樣。

　　在臺南市歷史館工作的石暘睢，其所參與策辦的展覽，再現的是一種什麼樣的歷史想像？李威宜的研究指出 1960 到 1980 年代，臺南市歷史館被從「臺南歷史服務的市民博物館，轉換成為鄭成功歷史服務的民族文物館。……原本博物館中具備臺南社會史意義的圖像物件本身，被用來奉顯給民族英雄鄭成功造神運動的證物象徵。」[61] 此時，也約當是石暘睢退休之時，而在回顧 1945 到 1960 年的這段時間，他更指出石暘睢等人「在戰後十年間的蒐藏工作與詮釋，是一個不可忽略的科學行動。」[62]

第二節　大臺南調查行動的開展

一、文史社群的「採訪記」

1. 文史社群陣容擴大

　　石暘睢於 1964 年 3 月 3 日過世之後，莊松林回憶石暘睢曾經跟他說過的話，指出了他認為最滿意的三件事，包括「我們

61　李威宜，〈博物館想像的社會史：1960–1980臺灣小型博物館製作者與展示物的視覺想像與歷史敘事〉，收於王嵩山編，《製作博物館》(臺中：國立自然科學博物館，2009)，頁81。

62　李威宜，〈蒐藏的科學與政治：從博物館誌的多重書寫解讀臺灣戰後獨裁形成過程與科學的權力運作〉，收於王嵩山編，《博物館蒐藏的文化與科學》(臺中：國立自然科學博物館，2010)，頁51。

集團踏遍臺南縣天邊海角，找到前人所未發現石碑一百多件」，
其次，「我們集團飛到向被閑視的澎湖本島，找到各式各樣的
新史料。」最後，「我們能走遍臺南地方的墓地尋到明墓或墓
碑四、五十件。」石暘睢說這件事非個人所能完成，「是我們
的羣力與和氣的成果」。[63] 如同前章所指日治時期的調查也都有
莊松林，以及在臺南任教的日籍老師一起參與，戰後這樣的行
動，更是持續擴散。

文史社群的集合，並非是單純基於私誼，有許多的公共任
務，也讓他們經常在一起合作，例如他們經常的身分都是臺南
市文獻會委員，以 1954 年為例，

文獻會的主任委員為市長楊請、副主任委員辛文炳、編纂
組長黃典權、採訪組長石暘睢、總務組長謝碧連、整理組長韓
石爐，委員則有：林勇、林條均、許丙丁、江家錦、顏興、黃
天橫、羅旭昇、黃典權、蘇惠鏗、林斌、石暘睢、莊松林、連
景初、林咏榮、賴建銘等人。[64] 以上編制與組織均受臺灣省文
獻會訂頒的「臺灣省各縣市文獻委員會辦事細則準則」，全臺
灣應有共通性，其中組長應為專任公務人員，委員則為兼任性
質。[65] 或者為了修臺南市志而在 1952 年成立志目研擬小組，石

---

63 莊松林，〈懷念石暘睢先生〉，頁46。

64 臺南市文獻委員會，〈本會職員名錄〉，《臺南文化》(臺南) 4：2 (1954年11月)，
　　未編碼。

65 〈臺灣省文獻委員會公告為訂頒「臺灣省各縣市文獻委員會辦事細則準則」，希
　　週知〉，《臺灣省政府公報》，40：冬3，1951年10月3日，頁45–47

晹瞧、莊松林、林咏榮、連景初、黃典權等為委員，並由林委員咏榮執筆起草。[66]根據前述資料說明，石晹瞧與其日治時期以來的夥伴莊松林乃至於日後在不同議題上，經常合作的江家錦、林勇、黃天橫等人，亦都有文獻會委員的同儕身分。

而且在臺南縣古碑調查行動與鄭成功登陸地點爭議等事件中，文史社群被凝聚的更為緊密，例如南瀛古碑調查雖由臺南縣文獻會推動，但臺南市的文史同好也一同參與，因此除了臺南縣的吳新榮之外，臺南市的石晹瞧、莊松林、盧嘉興、江家錦、賴建銘都是經常性的班底。1960年代初期，鄭成功登陸地點爭議越趨白熱化時，不同意臺南市文獻會五人小組調查結果的人，也就包括石晹瞧、吳新榮、江家錦、莊松林、林勇等人。1958年組成臺南市文獻委員澎湖歷史文物考察團時，一行人便包括了石晹瞧、莊松林、江家錦、黃天橫、連景初、盧嘉興諸先生及扶輪社秘書楊熾昌，攝影家王森林先生等為團員一行八人。[67]從三個特定事件，大約可知這個文史社群核心成員大約就是約莫6、7人左右。

文史社群之間，彼此有專業的分工，例如在臺南縣的調查工作中，考古相關問題經常看見是由江家錦負責，顯例為1956年麻豆水崛頭出土許多歷史文物，吳新榮就特別記錄了江家錦

---

66 臺南市文獻委員會，〈臺南市志凡例綱目〉，《臺南文化》（臺南）3：1（1953年6月），頁72。

67 賴建銘，〈石晹瞧先生年表〉，《南瀛文獻》（臺南）10（1965年6月），頁49。

圖 2-7 1952 年拜訪《茅港尾紀略》作者黃清淵〔中〕，左 2 為石暘睢、左 3 為吳新榮、左 4 為莊松林。石暘睢在吳新榮邀請下，協助臺南縣的調查採集工作。

資料出處：黃隆正先生

對於出土物的解讀。而地理的問題經常問盧嘉興，如同一樣是水崛頭出土物中，共有 36 個石車，「江、盧兩氏指出此跌水工程，如石車的配置，坡度的高低，石卵的利用，木材的使用，均和現代的土木工程沒有二致。」[68] 或者由於盧嘉興是鹽業史研究專家，因此吳新榮發現「府正堂洲北課場埔界」之初，最初

---

68 吳新榮，〈民國 45 年 5 月 30 日（續水崛頭）〉收於張良澤編，《吳新榮全集 5：震瀛採訪記》(臺北：遠景出版事業公司，1981)，頁 164－168。

以為石敢當。「乃函請盧嘉興兄撥駕來會同採訪，因為盧兄是研究鹽場史及碑碣的專家。」[69] 或者如年輕的黃天橫，則主要負責其專擅的拍照工作，此亦為何黃天橫藏有大量調查照片的原因。因此，眾人的一起行動，不僅是因為具有共同的興趣，眾人更是專長互有搭配的團體。

他們不僅是志同道合的同仁，也是生活品味相近的朋友，任職於《中華日報》社的連景初，曾回憶起眾人在赤崁樓夜談情景：

回憶先生生前服務於歷史館時，莊松林、江家錦諸先生與筆者，常於晚上往訪，在其寓所蓬壺書院畔，促膝談心，於夜色蒼茫中，面對赤嵌雙樓，縱論三百年來臺島的滄桑變革，地方掌故，人文史實，與乎藝苑珍聞。如此談藝論史，不拘泥形跡，興盡而返，偶有所得，筆者或撰成小品文，刊於中華日報的中華副刊。而佐談者不過清茗一壺，香煙一包，惟談興濃時，神精飛越，上下古今，神州海崎，隨意所之，此中之樂，固不足為外人道也。[70]

連景初描述的情景，很讓人心之嚮往，眾人所談，就讓連景初撰成一文。連景初在《中華日報》中，許多精彩的文史報

---

69 吳新榮，〈民國48年9月27日（洲北課場蹟）〉，《吳新榮全集5：震瀛採訪記》（臺北：遠景出版事業公司，1981），頁208–213。

70 連景初，〈暘睢先生的風義〉，《臺南文化》（臺南）8：3（1968年9月），頁47。

導與論述，原來是在赤崁樓的夜晚，在眾人相互激盪下完成。

　　這個文史社群也跟外部專家有所交流，如同日治時期跟國分直一、前嶋信次等人的往來。其中，任教於臺大的方豪，是其中之一，方豪自述 1949 年 2 月 10 日來臺，2 月 12 日便在造訪臺南時，於臺南市歷史館認識石暘睢。方豪之後在《公論報》的副刊「臺灣風土」以及《民俗臺灣》與《臺灣風物》中，讀過石暘睢的文章。鄭成功登陸地點爭議事件發生後，1962 年石暘睢等人曾到臺北請求方豪協助，另一方的黃典權也曾造訪方豪，但方豪均答以對此議題不熟悉，不足以下定論。對於石暘睢求真的態度，方豪指出「而石先生以風燭殘年，長途跋涉，尤使我對之肅然起敬。」後來，他得知石暘睢病重，專程南下看望，「我對他最後一次表達欽仰之枕。」[71]

　　日治時期就與石暘睢認識的楊雲萍，是在臺灣文化三百年紀念會展覽，編印的《臺灣史料集成》中得知石暘睢的大名。後來兩人相識後，楊雲萍說每次到臺南來都會找石暘睢，兩人經常邊吃飯、邊喝酒，進行研究上的交流。1948 年楊雲萍負責資料收集與陳列事宜，因此受到石暘睢很多的協助。而當楊雲萍較少南下時，反而是石暘睢北上找他較多，所為之事則跟鄭成功登陸地點與日期有關。對此楊雲萍的立場與認識跟石暘睢一樣。[72]

71　方豪，〈敬悼石暘睢先生〉，《南瀛文獻》（臺南）10（1965 年 6 月），頁 3–4。
72　楊雲萍，〈石暘睢先生的追憶〉，頁 6–8。

　　文史社群的交流，也可見傳承關係，例如 1930 年代石暘睢
參與了鄭其仁墓石馬的挖掘，並在日治時期留下了鄭其仁墓的
照片。但相當有意義的是，這些珍貴的資料在石暘睢即將病逝
前，都轉移給了年輕 20 幾歲的黃天橫。比石暘睢年輕一個世代
的黃天橫，竟於 1966 年拿著這些照片，再到永康洲仔尾現場做
了調查，並且仔細的丈量了尺寸。這一系列的照片，聯繫了兩
代文史調查者的關係，更說明文史社群的傳承關係，以及他們
為臺南研究所做的努力。

圖 2-8　鄭其仁墓照片。照
片應為石暘睢所攝，文字為
黃天橫 1966 年所寫。

資料出處：黃隆正先生

2. 臺南市文獻會的採訪記

　　戰後臺南市調查行動的開展，最能體現集團性的成果，就是文獻委員的集體採訪，並且以《臺南文化》為平臺，發表調查結果。

　　根據《臺南文化》記載，集體採訪開始於 1953 年「九月九、十兩日及十一月十五日，曾集體前往本市安平區作三次的史蹟調查。」參與者有莊松林、謝碧連、韓石爐、連景初、林勇、賴建銘、黃典權等人，內容除了古蹟踏查、民風采訪、民間信仰，尚且辦理過耆老訪談會。[73] 根據莊松林指出集團採訪的收獲不少，其中以文物而言，有「石彫李太白像」、「魏總兵神主」「重建安平昭忠祠碑記」及「故郭藻臣遺錄」等物，其中發現於文朱殿右邊附龕的「李太白像」最特別。莊松林還記得，記得 10 年前與石暘睢先生採訪時，曾看過一次，但未加以留意，莊松林指出此次能發現，「歸功於集團採訪之力。」[74] 眾人調查時，「大家的小手冊上，筆尖不斷在移動；歸來道上，更有着談論不完的話題。於是腹稿初擬，每個人都有了自己的題材。那些散記零篇的匯聚，遂蔚為本期臺南文化安平特輯壯大的編幅。」[75] 3 次的調查成果規劃為《臺南文化》3 卷 3 期的「安平

73　臺南市文獻委員會，〈採訪記：安平區採訪初錄〉，《臺南文化》（臺南）3：3（1953年11月），頁55–62。

74　朱鋒（莊松林），〈安平拾錦〉，《臺南文化》（臺南）3：3（1953年11月），頁14–18。

75　臺南市文獻委員會，〈採訪記：安平區採訪初錄〉，《臺南文化》（臺南）3：3（1953年11月），頁55–62。

特輯」。其中包括連景初〈幾經滄桑的安平〉、石暘睢〈安平的碑、匾、聯〉、村上直次郎著，韓石麟譯〈熱蘭遮築城史話〉、朱鋒〈安平拾錦〉、顏興〈鄭成功與端午煎餪〉、綠珊盦（許丙丁）〈漫談安平之交通與養殖〉、嗁痕（黃典權）〈王狀元〉、舉之（林勇）〈安平祠廟記〉等人的文章。安平調查的成果豐碩，所以後又延伸出〈史料叢輯之二：藻臣遺錄〉的史料輯錄。[76]

　　西區也作過類似的工作，1953 年 12 月起，續對西區進行 3 次的集體採訪。採訪過程中，有一回在南廠附近尊王壇，裡面有木聯一對，下款為「同治六年羅源縣訓導吳國英」，石暘睢認為「那或許是南廠廠裡的人，這個訓導可能是用錢捐來的。」假如石先生推測不致大誤，那麼吳家同治間的廠務定然還很不錯。[77] 後來甚至還曾因為臨時狀況，而對西區進行第二波調查，那次是因「……莊松林先生匆匆騎車來報，說是西區安平路六巷顏家有一大堆舊書，裡面有很多可貴的史料。於是北區的採訪計劃馬上放棄了，大家一齊往安平路去。 在安平路安興里顏木林先生家，果真有一大堆叫我們同仁們都會喜歡的書，裡頭還夾雜着帳簿、手摺、單據之類的東西。」最後成果，被分為史料與圖書，詳載於該次採訪記中。[78] 後續由於此次史料發現豐

76　臺南市文獻委員會，〈史料叢輯之二：藻臣遺錄〉，《臺南文化》（臺南）3：3（1953年11月），頁73–88。

77　臺南市文獻委員會編纂組，〈採訪記〉，《臺南文化》（臺南）3：4（1954年4月），頁62–75。

78　臺南市文獻委員會編纂組，〈採訪記〉，《臺南文化》（臺南）4：1（1954年9月），頁70–79。

富，又有類似單篇如〈史料叢輯之八：臺郡節孝局史料〉，以專文輯錄相關史料。[79]

　　1956 年 3、4 月間，採訪的人員有江家錦、石暘睢、莊松林、韓石爐、連景初、賴建銘諸委員，對東、西、北、中各區文物作廣泛之調查，其中「古鐘」一項採訪較全。而也是在這次的調查中，也再次提及石暘睢在日治時期調查的鐘，已經又 6 口在金屬回收運動中被收走而不復存在。[80]這種文物被毀壞的遺憾，石暘睢應該經常清楚體會，所以有少量的紀錄顯示，石暘睢基於保護文化資產的一件發表，例如連景初曾寫下「臺南市東門的甕城仁和門，為本市現存的兩個甕城之一，另一則為永樂街尾的悅兌門。近市議會曾建議拆除仁和門，市府以仁和門為本市史蹟之一，理應保存，可否拆除，已報省府核示。但本市文獻委員會石暘睢則主張應保存為宜。」他並以 1955 年大東門城大雨後城壁已倒塌，倘以史蹟言，實有保存之價值。[81]

　　觀諸同時代的臺南縣、市文獻會都採用集體採訪的方式，進行田野調查，我們經由《臺南文化》、《南瀛文獻》中各篇〈採訪記〉的內容可得知其成果，他們以最為內行的方式，將重要資料幾乎全文照錄的方式，讓珍貴的資料可以被更多人使用。

---

79 臺南市文獻委員會，〈史料叢輯之八：臺郡節孝局史料〉，《臺南文化》（臺南）4：3（1955 年 4 月），頁 115–124。

80 臺南市文獻委員會編纂組，〈採訪記〉，《臺南文化》（臺南）6：1（1958 年 8 月），頁 111–120。

81 連景初，〈甕城仁和門〉，《臺南文化》（臺南）9：1（1969 年 3 月），頁 46–47。

石暘睢是這些集體調查行動的其中一員，他們的各自專長不同，這些行動對於各自累積一個比較完整面向的調查，應該有所幫助，戰後石暘睢發表的文章中，開始出現以各區為單位的調查，充分顯示與這些分區調查行動有所關聯。

二、南瀛調查行動

1. 古碑調查

　　石暘睢在日治時期與莊松林等一同進行的古碑調查，在戰後依舊持續進行，也因此補足了戰前因為工作時間有限、經濟不充裕，僅能記其碑名、年代等訊息的缺憾，透過全面抄錄與拓印，並新增了 21 件的發現。[82] 同時，石暘睢的足跡也明顯跨出府城及其週邊，1952 年臺南縣文獻委員會成立之初，石暘睢就被聘為顧問，因此開始與吳新榮等人密切合作，展開臺南縣古碑的調查，完成了《臺南縣古碑誌》的重要著作。[83]

　　相同的，如同日治時期石碑因為被忽視而隨時有可能滅失的命運，因此還是經常見到古碑在即將被毀壞前尋獲。例如 1953 年石暘睢提供莊松林古碑研究線索指出：「月前臺南市歷史館石暘睢先生曾告余，有人報謂：『石碑三件流落本市西區小西門腳某石店』，聞之，即偕往查看，幸碑尚在，形體完整，

---

82 朱鋒（莊松林），〈臺南近十年來的考古工作概要〉，頁91–92。

83 石暘睢參與臺南縣古碑調查的始末或許可見吳新榮，〈跋〉，《南瀛文獻》（臺南）10（1965年6月），頁57–58；蔡和泉，〈緬懷故友石暘睢先生〉，《南瀛文獻》（臺南）10（1965年6月），頁55–56。

文字清晰，讀而知其為鳳縣頌德碑，至其入手由來不便追究。
……嗣後查閱鳳山採訪冊，三碑均有詳細記載。」[84]

　　而就石暘睢參與臺南縣古碑的調查活動，透過吳新榮的記
錄，可以清楚的了解。吳新榮指出臺南縣文獻會的採訪行動，
可分為三期，「第一期自四十一年至四十二年，對象為各地區，
可謂『概念採訪』。第二期自四十三年至四十四年，對象為各
鄉鎮。可謂『普遍採訪』。第三期自本四十五年起，對象為各
重點，可謂『精密採訪』」。其中這三期，分別具有「面的採
訪」、「線的採訪」、「點的採訪」等不同的意義。這段寫於
1956 年 2 月 7 日的紀錄，又指出臺南縣與臺南市合作的行動，
如同那天這群調查者，來到白河的六重溪，參與者「除本會職
員外，南市來者有石暘睢、莊松林、江家錦、連景初、盧嘉興、
賴建銘、顏興、黃天橫、黃寬諸氏。」[85]

　　而在吳新榮自陳的概念採訪與面的採訪，自 1952 年起石
暘睢就參與了臺南縣的調查行動。如 1952 年 12 月，吳新榮與
石暘睢去茅港尾拜訪黃清淵，「我們就到村中一座古廟『天后
宮』，這裡有一基道光年間的『咸樂碑記』石碑豎在廟前。又
到村北一座『觀音亭』採訪，……這裡又有一基福建巡撫部院

---

84 莊松林，〈記鳳山縣頌德碑三件〉，《臺南文化》（臺南）3：3（1953 年 11 月），頁 53。

85 吳新榮，〈民國 42 年 11 月 13 日（永康鄉）〉，收於張良澤編，《吳新榮全集 5：震瀛採訪記》（臺北：遠景出版事業公司，1981），頁 145–149。

圖 2-9 六重溪畔合影
站立者左 1 為石暘睢，左 2 為吳新榮、左 3 為韓石爐、左 4
為盧嘉興，盧嘉興前方為連景初。坐姿者左 1 為黃天橫、左
2 為賴建銘、左 3 為顏興、右 1 為莊松林。
資料出處：黃隆正先生

丁欽命總理船政大臣之石碑。」[86] 隔年 1 月，吳新榮與石暘睢到
了大仙寺「就分別看到院裡有二基石碑：一是欽命閩浙水師提
督王得祿立的廟碑，一是開山第一代擇參禪師的墓碑。」[87] 1955
年 3 月，在臺南縣新化鎮水利分會對向甘蔗園中，發現倪公修
築大埤碑記，吳新榮說「古碑為雍正年間之物，在本縣最古之

86 吳新榮，〈民國 41 年 12 月 6 日（曾文區）〉，收於張良澤編，《吳新榮全集 5：震
瀛採訪記》（臺北：遠景出版事業公司，1981），頁 11–15。
87 吳新榮，〈民國 42 年 1 月 12 日（新營區）〉，收於張良澤編，《吳新榮全集 5：震
瀛採訪記》（臺北：遠景出版事業公司，1981），頁 23–26。

品，位在新化水利分會之西方。」⁸⁸1955 年則是在佳里與學甲
一帶，採錄古碑。所獲者為佳里震興宮三川門內右側壁間的水
路疏通禁約碑、崁於臺南縣學甲鄉慈生村慈濟宮殿門內左側壁
邊的慈濟宮緣業碑。⁸⁹1956 年 2 月則在東山找到臥於東山警察
派出所前庭與右牆上的哆咯國派撥累番示禁殘碑、哆咯嘓大武
壠派二社番租碑。⁹⁰1956 年 12 月，則調查了立于臺南縣永康鄉
鹽行村洲仔尾保寧宮廟前庭的州美埔界址。⁹¹1950 年代中期，
總共調查了立于臺南縣麻豆鎮水堀頭橋東側路傍的水崛頭橋
碑、嵌於臺南縣麻豆鎮南勢里文衡殿三川門前廊右側壁的貼納
武廟香燈示禁斷碑、嵌於臺南縣麻豆鎮大埕里關帝廟殿門右壁
的虞朝庄關帝廟捐題碑。⁹²

　　原立於永康鹽行村舊禹帝廟內的洲南場陋規示禁碑，歷經
1953、1954、1955 年等多次調查，最後安頓於永康鹽行村禹帝
廟右側右壁邊。這段歷程大致上經過「光復後三十六年因該廟
被震災坍毀，乃移建於原址之南邊。又因該碑於廟無關，致放
置於舊草埔上，四五年始移置現址。」在這段移置的過程中，
也重新校對了原碑收錄在日治時期《臺灣鹽專賣志》的內容，

88 吳新榮，〈民國42年11月13日（永康鄉）〉收於張良澤編，《吳新榮全集5：震
　　瀛採訪記》（臺北：遠景出版事業公司，1981），頁44–45。臺南縣文獻委員會，
　　〈臺南縣志附錄之一古碑志〉，《臺南縣志卷十：附錄》，頁19。
89 臺南縣文獻委員會，《臺南縣志卷十：附錄》，頁21、114。
90 臺南縣文獻委員會，《臺南縣志卷十：附錄》，頁25、38。
91 臺南縣文獻委員會，《臺南縣志卷十：附錄》，頁25。
92 臺南縣文獻委員會，《臺南縣志卷十：附錄》，頁25。

「經與原碑勘校，誤字頗多，均予更正，再度勘校時，經利用光線及水濕法等，再認出十幾字均予補填，新剝部分採自舊載收錄。」[93]這段歷程說明了反覆的採訪，其目的不僅在探勘石碑之現狀，對於石碑的考證與研究，當為另一重點。

石暘睢等人對於古碑採訪，也還有釐清歷史甚至提出問題的意義。1954年「5月1日臺南市文獻委員會石暘睢、莊松林、賴建銘、盧嘉興諸君來訪，並邀同本會往西港鄉採訪慶安宮之石碑。」慶安宮右廊外門階梯的安定里向忠亭碑，碑中的文字「……可考出歷史上的重要事實。這是關於朱一貴之亂的罕有紀錄之一，當時朱一貴（碑中用「朱匪」）奪取臺南後，清軍雖派藍廷珍反攻不下，藍廷珍才和施琅之子施世驃議圍臺南。藍廷珍親率大軍由西港登陸，據府志說：是時有西港仔莊人攜酒肉到清軍營裡內應。」眾人根據碑中有「野人」兩字，「可能指平埔族，當時清軍仍以荷蘭利用平埔族平郭懷一之亂的故智，召集平埔族大事打擊漢人，而在平朱一貴之亂，平埔族也出了不少的戰死者。亂平後清廷即築一亭為此戰死者紀念，亭曰『向忠亭』，不久亭圮即立此石碑誌之。」[94]

這段由臺南縣文獻委員會與臺南市文獻委員共同合作完成的古碑蒐集工作，「因有他們集團而長久的合作，纔能完成如此艱困而重要的工作。自開始計劃搜集古碑以來，不論嚴冬炎

93 臺南縣文獻委員會，《臺南縣志卷十：附錄》，頁47。
94 臺南縣文獻委員會，《臺南縣志卷十：附錄》，頁20。

暑的例假，在如此遼闊的本縣境內，……他們不但不期待有任
何報酬，除車票由興南汽車好意贈送外，餐食等費都由他們自
備。他們如在某地發現碑碣一石時，宛如掘到古寶一樣，歡喜
若狂精神，至為可佩……。」[95]另就其他史料顯示「興南汽車公
司林全祿先生熱心文化，慷慨優待車票。」、「踏遍南縣的山
阪海澨，蒐盡豐碑短碣，終能集到一一二件之多，數量雖不及
南市之半，然已冠於其他縣市，惟此差強告慰不致徒勞，並且
知道處女地蘊藏的豐富與珍貴。」[96]這段描述清楚的指出了這群
同好們，不計代價只求在發現時的喜悅，以及這場行動在臺南
縣所獲致的重要成果。

綜上指出，戰後石暘睢參與了臺南市與臺南縣的古碑調查
行動。他們還是一個以社群為核心的行動，透過長度數年的調
查，不僅保留以碑為主的文化資產，更經由這些資料釐清較少
被關注與釐清的臺南縣歷史。

2. 田野中的文史知識

石暘睢及其同仁的調查活動，除了古碑之外，也旁及各種
地方文史資料的採集，從吳新榮鉅細靡遺的紀錄中，我們可以
進一步得知石暘睢廣博的文史知識，遍及文物、民俗乃至地方
典故等領域。

首先，以文物來說。吳新榮曾提及有一回到六甲調查，就
順路到在地公廟「恒安宮」，「石顧問由陰暗裡找到一個明代

---

95 臺南縣文獻委員會，《臺南縣志卷十：附錄》，頁135。
96 臺南縣文獻委員會，《臺南縣志卷十：附錄》，頁7。

的龍泉香爐，他說：『地方的廟宇有明代的香爐很少，這樣寶貴的東西，最好設一個資料室來收藏。』[97]或者是到學甲的慈濟宮時，眾人關注了「神像的雕刻優異，廟壁也有葉王的交趾燒，但多已損壞而陳舊，廟前有一對旗竿尚存，據石顧問說：「在南部臺灣除此之外，已不見有旗竿。」[98]而到了永康奉祀保生大帝的保生宮，「廟庭廣闊成為市場，廟前有一綠水滿岸之池塘，這可證明昔時埔姜頭是由此廟發展的，也可證明埔姜頭庄是由此開基的。」石暘睢進到奉祀土地公的右殿，看到明建窯的香爐，底面蓋有官印，石暘睢因此說「可能是官窯製品，是個寶貴的東西。」[99]

其次，石暘睢也對於各種地方掌故、家族史頗為了解，他跟吳新榮到了六甲，就說「清朝有一位毛士釗是他們的第五代祖，他們的第六代祖毛蒲蘆也是一位武秀才。」[100]到了新營也能說出在地俚諺「新營有廟不做醮，查畝營有錢不起廟」，新營最古的望族沈崑山也證實這句話。[101]這些極為細節的地方典故，更顯得眾人言石暘睢為活字典的能耐。

最後，石暘睢對於這些文史資產的態度，如同他所經營的博物館文物收藏，都希望能獲得妥善的典藏。例如，有次當他

97　吳新榮，〈民國41年12月6日（曾文區）〉，頁11–15。

98　吳新榮，〈民國41年12月27日（北門區）〉，收於張良澤編，《吳新榮全集5：震瀛採訪記》（臺北：遠景出版事業公司，1981），頁21–23。

99　吳新榮，〈民國42年11月13日（永康鄉）〉，頁77–82。

100　吳新榮，〈民國41年12月6日（曾文區）〉，頁11–15。

101　吳新榮，〈民國42年1月12日（新營區）〉，頁23–26。

們一行到了佳里的北頭洋調查「飛番墓」的遺蹟。「墓碑雄厚，
石質堅實，這可表現乾隆時代的經濟頗為安定，致使這化外的
熟番也能享受如此富裕。」吳新榮又記石顧問說：「已沒有身
墓了，這個墓碑要設法保存。」[102]

　　他們也曾在 1952 年 12 月 6 日拜訪黃清淵，「我們順路折
到這裡來的目的，是要找一位文獻的大前輩―黃清淵先生。他
在日據時代，曾著一本《茅港尾紀略》，頗受斯界學者的重視。」
「不，不，已經七十二歲，心臟無力，手也這稱顫抖著。」他
隨時答道，但心裡像很歡喜得到知己的後輩，他畢生事業的後
繼人，再說：「《茅港尾紀略》的原稿，我今日可以給你們帶
回去，我恨日人無斷剽竊我的文獻太多！」「別後我們深恐怕
以後沒有機會再來訪問這位老人家，然石顧問建議最好刊行《茅
港尾紀略》專刊。」[103]

　　或者 1953 年他又來到，跟他一生相當有緣的鄭其仁墓，他
們聽到地方的人士依舊相傳「這是葬鄭成功的所謂白馬墓。但
石暘睢就解釋這是林爽文之役，在東港殉難的鄭其仁墓，當時
墓前有一對石馬，一匹不知去向，一匹現在存於臺南歷史館。」
那次眾人有了新收穫，按道理墓前應該會有華表石柱，所以「村
長叫一農民來挖掘，柱長一丈二尺二寸，周圍三尺六寸，是個

---

102 吳新榮，〈民國42年2月10日（補北門區）〉，收於張良澤編，《吳新榮全集5：
　　震瀛採訪記》（臺北：遠景出版事業公司，1981），頁29-31。

103 吳新榮、石暘睢、莊松林等，〈採訪記（第一期）〉，《南瀛文獻》（臺南）1：1（1953
　　年3月），頁46。

六角面的大石柱，柱頂刻一石象，柱頭尚有一半埋於土中。我們六個人合力將石柱的下面翻過來一看，刻有『勳照東港千秋勇氣壯山河』，字劃雄勁是一個難得的東西。」而石暘睢說：「假使南縣不予設法保存的話，最好讓歷史館載回去陳列，和那石馬給人參觀。」但是那位村長卻說：「我本想要載回庄內，做禹帝廟的石柱。」時已近黃昏，暮色蒼茫……。[104] 這件事相當有意思，因為石暘睢曾經參與了石馬的挖掘，但戰後臺南分有縣市，永康隸屬臺南縣，因此石暘睢才說出如果臺南縣不願意保存，最好就到歷史館陳列，此事可知鄭其仁墓出土物對於石暘睢具有特殊意義。

綜上，從吳新榮記錄臺南縣採集工作的開展，可從中了解石暘睢扮演的角色，其廣博的文史知識，除了具有文獻能力，通曉地方俚俗，更有博物館員通常具備的文物研究素養。

第三節　館長的分享與主張

一、石暘睢的研究成果與方法

1. 戰後的研究成果

石暘睢於戰後著述的發表著作比之戰前更豐富，主要以任職的臺南市文獻會出版的《臺南文化》，以及擔任顧問的臺南

---

104 吳新榮，〈民國42年11月13日（永康鄉）〉，頁71–82。

縣文獻會的刊物《南瀛文獻》等兩個刊物為主。此外，也可見若干文章發表於《公論報》的「臺灣風土」副刊以及《臺灣風物》。在戰後所累積的 30 餘種著作中，具有如下的幾個特徵。

首先，發表的著作中，普查性質的文章佔有一定比例，這類著作通常沒有太多論述，基本上也以資料的完整性為原則，如同戰前的孔廟禮樂器與寺廟陳設品的調查，而在戰後則有〈臺南文廟的樂章〉、〈臺南文昌祠的樂章〉、〈臺南武廟的樂章〉等文章，意圖把不同對象的樂章，進行採錄。而他所擅長的古錢研究，是以不同古錢的資訊考證為目的，如〈南明錢錄〉。或者到六甲採訪時，採錄了毛士釗作品，而作成〈清代旌表「孝友」毛士釗與其遺作〉，篇幅多以資料為主。

而更為有企圖心的著作，在臺南縣當屬集體調查、共同發表的古碑調查成果，在臺南市則是匾聯的調查，但較之前期，這些調查成果更具有完整性。推測原因，應該要放在戰後十幾年時間的累積，且較多同道的投入，使之累積也較可觀。匾聯文章的發表，顯然是有著整體性的考慮，他從《臺南文化》2 卷 1 期開始，談延平郡王祠的聯集，再因為安平集體採訪而發表安平的碑、匾、聯的調查。次之談西區、北區以及大天后宮、孔廟的匾聯，在此系統下，他於 1956 年發表〈臺南市中、東、南三區的匾聯〉，目的就是把三區「未刊的古匾聯全部刊出。」[105] 這一系列的文章，最終對於臺南市的匾聯，形成了一

---

105 石暘睢，〈臺南市中、東、南三區的匾聯〉，《臺南文化》(臺南) 5：2 (1956 年 7 月)，頁 49–68。

個跨區具整體性的普查效果。

　　其次，有一部分的文章，開始追求把材料組織在一起，為回應特定議題而產生的書寫，深具實證的考證性文章，這個特色與戰前有著很大的差異。其中考證性的文章，如〈臺灣道署考〉、〈明鄭營盤考〉、〈臺灣明墓考〉等文，有些是以「修造臺澎提學道署初記碑」、「修造臺澎提學道署再記碑」等兩方石碑資料整理而成，如〈臺灣道署考〉，[106] 其中，初記是戰前從臺南州廳移存到歷史館，再記則是戰後從臺南市立圖書館移存，[107] 因此可說是使用了石暘睢所採集而成為館藏品的文物所寫作的文章。而〈臺灣明墓考〉帶有田野誌的性質，說明了明墓的調查過程，並參酌方誌文獻等，是當時代了解明墓相當具有參考價值的文章。[108] 另外，〈蓬壺書院與沈受謙〉是因沈家後人來參觀赤崁樓，這段偶遇促使石暘睢將沈受謙建立蓬壺書院的事蹟，一方面告訴沈家後人，進而略為整理後發表。

　　最後，在戰後所寫的文章中，則出現一個前此少見的現象，亦即將石家歷史帶入自己的書寫，比較間接的如〈先師聖像流臺郡考〉，為徐崇幹任臺灣道時，攜帶聖像拓片來臺，並授門

106　石暘睢，〈臺灣道署考〉，《臺南文化》（臺南）2：4（1953年1月），頁22–24。

107　臺南市文獻委員會，〈碑錄〉，《臺南文化》（臺南）4：4（1955年6月），頁76–77。

108　石暘睢，〈臺灣明墓考〉，《臺南文化》（臺南）3：1（1953年6月），頁25–28。此文搭配莊松林，〈臺灣的明墓雜考〉，《臺南文化》（臺南）3：2（1953年9月），頁44–55。應為戰後初期研究臺灣明墓兩篇最具代表性的著作。

下士、石暘睢的六叔祖石耀祖,重勒於文廟。[109]而〈先高祖芝圃公行述〉一文,更直接以奠定石鼎美家業的石時榮為主角。

　　綜觀戰後初期的石暘睢之著作,很難以當代學術研究著作的標準衡量,在當時其文章論述的複雜程度,也不能驟然認為優於同輩中人。但他以典藏與展示作為博物館人的職責,進而將調查的資料公開為可公共化的資源。石暘睢的主要貢獻便在於從調查到公共化的一連串行動所產生的意義,如果我們沒有忘記他們是如何經常跟時間作戰,面對日治末期的皇民化運動,乃至城市開發對於文化資產的威脅,我們就能了解這些篇幅不豐厚的著作,實則是連串行動的一部分,也可知如何衡量石暘睢留下來的學術遺產。

表 2-1　戰後石暘睢發表著作目錄

出版時間	篇名	期刊名稱	卷數	期數
1949 年 3 月 15 日	古都碑錄(一)	公論報「臺灣風土」		41
1949 年 4 月 11 日	古都碑錄(二)	公論報「臺灣風土」		45
1949 年 6 月 7 日	古都碑錄(三)	公論報「臺灣風土」		53
1951 年 10 月 24 日	臺南市街小志	臺南文化	1	1
1951 年 12 月 1 日	臺南文廟的樂章	臺灣風物	1	1
1952 年 1 月 20 日	臺南延平王祠聯集	臺南文化	2	1
1952 年 2 月 1 日	臺南武廟的樂章	臺灣風物	2	2

---

109 石暘睢,〈先師聖像流臺郡考〉,《臺南文化》(臺南)3:2 (1953 年 9 月),頁56。

出版時間	篇名	期刊名稱	卷數	期數
1952 年 4 月 24 日	威震中外之劉璈	臺南文化	2	2
1952 年 7 月 10 日	臺南文昌祠的樂章	臺灣風物	2	4
1952 年 9 月 24 日	臺南歌謠二首	臺南文化	2	3
1953 年 1 月 31 日	臺灣道署考	臺南文化	2	4
1953 年 3 月 15 日	明鄭營盤考	南瀛文獻	1	1
1953 年 6 月 30 日	臺灣明墓考	臺南文化	3	1
1953 年 9 月 20 日	蓬壺書院與沈受謙	南瀛文獻	1	2
1953 年 9 月 30 日	先師聖像流臺郡考	臺南文化	3	2
1953 年 11 月 30 日	安平的碑匾聯	臺南文化	3	3
1953 年 12 月 30 日	清代旌表「孝友」毛士釗與其遺作	南瀛文獻	1	3.4
1954 年	臺灣的金石	現代國民基本叢書	43 刊	
1954 年 4 月 30 日	先高祖芝圃公行述	臺南文化	3	4
1954 年 4 月 30 日	西區拾遺	臺南文化	3	4
1954 年 9 月 20 日	北區匾聯	臺南文化	4	1
1955 年 4 月 15 日	大天后宮的匾聯	臺南文化	4	3
1955 年 6 月	臺灣歷史人物印存	文史薈刊	第一輯	
1955 年 6 月 25 日	南縣古碑零拾（一）	南瀛文獻	2	3.4
1955 年 12 月 25 日	南縣古碑零拾（二）	南瀛文獻	3	1.2
1956 年 2 月 29 日	孔子廟之匾	臺南文化	5	1
1956 年 6 月 30 日	南縣古碑零拾（三）	南瀛文獻	3	3.4

出版時間	篇名	期刊名稱	卷數	期數
1956 年 7 月 31 日	臺南市中東南三區區聯	臺南文化	5	2
1956 年 12 月 31 日	南縣古碑零拾（四）	南瀛文獻	4	上
1957 年 5 月 25 日	臺南縣古碑志	南瀛文獻		
1958 年 6 月 20 日	南縣古碑零拾補遺	南瀛文獻	4	下
1961 年 4 月 29 日	南明錢錄	臺灣風物	11	4
1962 年 9 月 25 日	穎之退耕錄	臺南文化	7	3
不詳	臺灣歲時記	臺灣時報	不詳	不詳
1965 年	重建朝興宮碑記稿 寫於 1946 年仲秋月	南瀛文獻	10	
1965 年	重興關帝廳碑記稿 寫於 1949 年孟秋月	南瀛文獻	10	

2. 古碑的研究方法

　　石暘睢的調查蒐藏活動不僅為保存文物，他也發展出一套文物的歷史研究方法。莊松林曾指出，臺南市兩位鄉土史家，一為連橫，另一位為石暘睢，連橫以文獻為主，石暘睢除了文書之外，著重直接史料——遺跡、遺物等考定史事，莊松林指為「當然比較詳實可靠」。[110]

　　石暘睢曾跟莊松林說「地上和地下的新史料是無盡藏，但是新史料是無腳腿，不會找人的。人有兩腿，如肯勤於跑腿，

110　莊松林，〈懷念石暘睢先生〉，頁42。

新史料有一天必會找到。」[111]古碑的調查更能說明這種勤於跑腿必然收穫。從戰前到戰後的古碑調查，成果如莊松林指出「近聞有人估計清代的碑碣，全省約達四百餘件，而南部臺灣約佔三分之二，僅臺南市一地，就擁有二分之一。如此豐富的史料，各縣市文獻委員會若能通力合作，加以整理，輯成一書，確是一部貴重的文獻，貢獻於修志工作至大。」[112]臺南古碑數量之豐冠於全臺，而若是能整理輯錄出版，更被視為重要之事。

　　石暘睢等調查社群，對於古碑調查也採取了不同方法，過去以拓本為惟一方法，「但因剝泐殊多，拓本不濟於事，乃以觀看方法，加以運用光線、水力、彩色等手段完成一二件，有時因為氣候變幻，或剝泐太甚，前後往返校勘數次，如此不厭其煩的浪費人力與時間，不外力求的『真』與『實』，搶救主要史料湮滅並作前人未竟之工作，獻給文獻界做為參考而已，並無其他任何名利的企圖。」[113]經常與石暘睢、吳新榮一同調查的莊松林，也指出了碑碣的史料特性，並且指出碑文採錄的意義。他認為看待碑碣的史料價值有三個角度。首先是從「書法」的立場視其字體工拙，拓集成「碑帖」；其次是站在「文藝」角度，審其文詞美俗，錄編成「文集」；最後是站在「史料」的角度，抄集成「史冊」。莊松林從以上三個角度，回顧與檢

111　莊松林，〈懷念石暘睢先生〉，頁46。
112　莊松林，〈臺南古碑的片鱗〉，頁49。
113　臺南縣文獻委員會，《吳新榮全集5：震瀛採訪記》，頁7。

討戰後初期的古碑調查，進而指出：

　　臺南古碑佳刻不少，但第一類的工作似乎還沒有人做過。
屬於第二類的，遠自康熙年間以還，府縣志都有採錄，編入於
「藝文志」，着重在顯宦的著作，且因其着重於「文」，往往
忽略了「時與人」等要素，在史料的處理上，往往令人有殘欠
不全之感，其次，日據時期日人的採錄，屬於第三類的立場，
其範圍比舊志書較為廣泛，然而對於寺廟的碑碣，多予忽略，
也不能達到全面性的，這是其惟一的缺點。綜上而言，我們文
獻工作者，今後應當站在史的立場，不以其文字之工拙，文詞
之美俗，或碑文完整與殘缺，凡有一文一字，悉予採錄，這才
是我們應有的態度與精神。[114]

　　這一段話，指出了古碑的價值不僅是文學書法的審美問
題，而是一項重要的史料，應當站在「史的立場」，每個字都
不能錯過，重視古碑中的時間與人群等價值，亦即肯定石碑作
為解釋歷史的重要資料。而以石暘睢、吳新榮、盧嘉興、朱鋒
與江家錦為名發表的〈南縣古碑零拾（一）〉，則進一步延伸
了從古碑採集的經驗中，所歸納出的研究方法：

　　我們此次的合採，是以「古碑」為對象，乃導因於南縣

114　莊松林，〈臺南古碑的片鱗〉，頁49。

的分佈廣闊，而且數量眾多；十之八九都是向所未發現的珍貴
文件，是研究鄉土史志不可或缺的史料，因此我們此次所擬定
的方針和方法，與過去迴異，扼要地條陳如次：一、採訪對象
以古碑為主，以先史遺蹟，平埔遺俗及人民的生活習慣為副。
二、除採錄碑文外，對於地理形勢及演變亦作附帶勘查。三、
揚棄過去的重點主義，採取「無村不訪，無碑不錄」的主義，
以期完整。四、以集團力量，儘量減少個人的舛誤與偏差。最
後我們還有幾點要告訴大家的，（一）文獻是不能單靠紙上資
料，還要找尋文物遺蹟，加以糾謬補闕的。（二）文獻工作不
是少數人的專利品，而是多數人的精神活動。（三）文獻工作
不是短暫的，是長期的研究。所以我們懇切地盼望大家的認識
與合作，共赴事功，以期順利完成任務。[115]

　　上引文繼續延伸了莊松林指出的歷史、「時與人」的觀點，
以及研究鄉土史志這些材料的不可或缺。他們強調了現場調查
的重要性，也提出了盡可能走遍的完整性，更認為這些行動必
須依靠群體的力量完成。在古碑的調查行動中，也重新界定了
我們對於文獻的想像，顯示包括古碑在內的文物對於研究的重
要性，進而指出這是一項必須長期持續的行動。古碑調查的案
例顯示，以石暘睢為主的文史社群，透過團隊合作，有系統的
調查，並將之視為地方史料，參酌於歷史的考證，為鄉土歷史

115　石暘睢、吳新榮、盧嘉興等，〈南縣古碑零拾（一）〉，頁124。

的求真，貢獻重要的證據。

3. 古錢的研究方法

　　1961 年，時年 60 餘歲的石暘睢對於古錢的收藏興趣「歷今已達四十餘年」，因此在以「臺灣文化三百年紀念會」史料展覽會為基礎所編輯的《臺灣史料集成》一書中，石暘睢出品甚多，其中古錢尤其完整，包括了明末古錢、永曆通寶、光緒元寶、荷蘭銅貨幣，有系統收藏臺灣史上不同歷史階段的古錢。[116] 同年，石暘睢退休後，卸下責任的第一件事，就是購買新出版的《昭和古錢價格圖譜》、《新撰古錢大鑑》等書，並參照自己所藏的歷代古錢全套，預計發展古錢學研究。[117]

　　石暘睢對於古錢的收集相當有心得，也經常與專家學者交流，例如南明史專家楊雲萍。石暘睢曾多次北上拜訪楊雲萍，主要為鄭成功登陸地點爭議，但有時也談到了南明時代錢幣的收藏，所以石暘睢「後來為我買了一品當十，極為罕見珍貴的利用通寶」。[118]

　　石暘睢對於古錢的研究可以〈南明錢錄〉、〈臺灣的金石〉為例。對於南明錢錄的整理，特別對於明末亂局中，福王、唐王與魯王等所鑄的錢幣進行解說，也對於吳三桂、耿精忠、孫可望、鄭成功等勢力所鑄之錢，其種類與所鑄之地，都有詳細

116　石暘睢，〈南明錢錄〉，《臺灣風物》（臺北）11：4（1961年4月），頁46。
117　莊松林，〈懷念石暘睢先生〉，頁46。
118　楊雲萍，〈石暘睢先生的追憶〉，頁8。

的考證，如同鄭成功所鑄之錢幣共 4 種，均在長崎鑄造，而吳三桂之系均在雲南製造。[119] 而在〈臺灣的金石〉一文中，對於臺灣的古錢除了指出鄭成功時期所鑄之錢，也說明了 1688 年的「康熙通寶」（背文：橫讀右滿字「寶」、左漢字「臺」，即寶臺二字的青銅錢）為在臺鑄錢之嚆矢，而到了 1853 年，因為鳳山林恭之役，嘉義縣為籌備軍需在該地鑄造「咸豐通寶」（背文：對讀一十、二十、五十、一百等亞銅大錢）使用，前述兩者均係清代臺灣特有的古錢。而就古銀而言，臺灣的古銀 1832 年為因應張丙之役，臺灣府為籌備軍需而鑄造重 7 錢 2 分大銀使用（面文：頂右橫書篆字「足紋銀餅」，頂左橫書篆字「道光年鑄」，中一老人持杖立像），世稱「古老銀」。1853 年為了對應鳳山林恭之役，則鑄造重 6 錢 8 分大銀使用（面文：頂上橫書「足紋通行」四字，字下有「交叉如意」之圖紋，背文：「府庫軍餉」四字），世稱「如意銀」。1862 年，在戴潮春之役，鑄造重 6 錢 8 分大銀使用（面文：「六八足重」四字，中有「華寶」之圖紋，背文：「足紋通行」四字），世稱「華寶銀」。上述大銀均為銀匠所鑄，圖紋古雅，為臺灣的古銀。[120]

　　古錢的調查研究，石暘睢確實在方法上，也得出了些心得，對於使用文物進行歷史解釋一事，他曾以古錢為例，向吳樹指

119　石暘睢，〈南明錢錄〉，頁46–47。
120　石暘睢，〈臺灣的金石〉，收於林熊祥等著，《臺灣文化論集》（臺北：中華文化事業出版委員會，1954），頁433–434。

出：

　　古錢最易保存，真偽的鑑定也不困難。秦漢時代距今雖以千年計，傳世古錢仍然如新，埋於地下的出土品，也比其它的出土品較為完整。至於殉葬品的色澤亦有其不同之處，廢墟或古木的發掘，如有古錢出現，對於遺跡遺物的年代之考據有莫大的幫助。……古錢的字跡有皇帝的御筆，有當代名書家的親筆，質料也不一，有青銅、赤銅、合金等。錢型的大小、鑄造的粗細、發行多少，可以看出那個朝代的盛衰及社會經濟良窳。[121]

　　因此，石暘睢從早期的古錢收藏，進到明墓研究階段，再到兩者交相引證，可從出土古錢「看出那個朝代的盛衰及社會經濟良窳」。可見已從文物收藏者進展為可對文物進行歷史解釋的研究者。

　　由於如此，在《臺南文化》的歷史館專號中，將繁瑣的文物進行有法則的分類，自始至終都是博物館工作者的一大挑戰，就以古錢為例，較之 1930 年代《臺灣史料集成》中，古錢被放在雜部，歷史館專號中，則將貨幣獨出一類，可見至少這個分類架構，具有比較清楚的社會經濟意識。

121　吳樹，〈紀念石暘睢先生〉，《南瀛文獻》（臺南）10（1965年6月），頁29。

二、石暘睢的收藏與分享

1. 石暘睢的收藏分享

石暘睢從年輕便以豐富收藏聞名，從前章所述提供臺灣文化三百年紀念展覽的文物即可知，但他對於收藏並不藏私，經常與人分享，或讓給其他更為適合的研究者。

關於石暘睢的收藏則有許多人提及，例如連景初曾回憶石暘睢收藏許南英的鄉試硃卷，「臺南石暘睢曾收藏其鄉試硃卷一本，已殘缺不堪，硃卷首詳載他的姓字族譜及其受業師受知師等，卷中刊有應試的八股文二篇和詩一首，詩題為賦得李杜文章在，閱試卷官在卷上批有：氣韻沈雄經策修暢，詩亦有可取句等字樣。」[122] 黃典權點校連雅堂的〈臺南古跡志〉時，補充石暘睢藏品資訊「宜秋山館與吾家為隣（今永福路由郵局至派出所間之一段俗稱『磚仔橋吳。』）吳雪堂司馬（吳雪堂，名尚霈，號秋農，行六，清咸同時人，咸豐己未舉人，書畫篆刻俱佳。……石暘睢先生家嘗藏其所作摺扇一把，面繪蘭，題一絕句云：『為愛幽蘭筆底傳，天香國色自怡情，閒來寫得薰風意，那管毫端畫未成。』背書楷、草、隸、篆四體字，惜此扇已毀於昔日疏散中。）」[123] 黃典權戰後才認識石暘睢，他會知道此事，也一定是經過石暘睢。

---

122 連景初，〈許南英與許地山（上）〉，《臺南文化》（臺南）2：2（1952年4月），頁62–64。

123 連雅棠，〈臺南古跡志〉，《臺南文化》（臺南）3：2（1953年9月），頁13。

　　很多人都看過石暘睢的收藏，日治時期便跟石暘睢認識的廖漢臣就說「石暘睢兄生長在這樣優越的環境中，並沒有帶著一點兒的銅臭，也沒有帶著一股讀書人的寒酸味，他的古文根底很好。也能夠寫作四行詩。但是從不追逐時流，和人結社勾心鬥巧去挖揚風雅。而自年青時候，就孜孜矻矻，潛心從事研究臺灣歷史，到處搜羅臺灣文物。……在某種意義上說：堪稱為研究臺灣歷史最好的嚮導人，所以自數十年來日人或省人到臺南調查當地的史事民俗，多多少少，都有得到他協力。」[124]而當廖漢臣看到石暘睢收藏中有興趣者，「我要求石暘睢兄，借給我帶回去看一看，他也毫不躊躇的答應我。我初時以為他是看著莊松林兄的面子，纔不吝惜他的珍藏，後來知道他對任何人都是這樣誠懇親切。我對石暘睢兄，更加發生好感。」[125]

　　研究古本臺灣歌仔冊的吳守禮在記懷石暘睢不藏私時，他說「收藏，是由於對事物有所愛惜，而志在留給後人，使有所分享。古物、文獻的收藏，雖不如財務上的實惠，在其存真、流傳、散失、倖存之間，往往是成為無價之寶。」[126]

　　吳守禮曾請求石暘睢在臺南留意相關文獻，也跟石先生求助相關資料的查找，甚至請石暘睢讓售割愛，後來石暘睢在清理家中書櫥時，偶發現別記古歌冊 6 冊：《初刻花會新歌》（道

124　廖漢臣，〈學界的墊腳石—憶石暘睢兄〉，頁14。
125　廖漢臣，〈學界的墊腳石—憶石暘睢兄〉，頁14。
126　吳守禮，〈石暘睢兄與古本臺灣歌曲〉，頁11。

光柒年春花月刻）、《新選笑談俗語歌》（道光辛丑年新鑴）、
《新刊拔皎歌》（道光版）、《新刊莫往臺灣女人卅六款歌》
（道光版）、《新刊臺灣陳辦歌》（道光版）、《車籠公子有
燈記》（光緒版）。後來，石暘睢就把這批資料轉讓給吳守禮。
這段故事後來的發展更加神奇，致力於相關資料研究的吳守禮，
得知省文獻會收藏一批古本歌冊，因此想方設法終於看見這批
共計11種的資料，每本「皆蓋有舊藏者故石暘睢兄之圖章。」[127]
吳守禮又補記「石家由其父祖繼承的古文書究有多少，筆者雖
不得而詳，至少除了上述以外，今歸萬華呂氏的『同窗琴書記』
亦是石氏舊物，亦是值得一提的珍貴文獻。」可見石暘睢收藏
之豐富，以及收藏會因為各種機緣而流動。

　　吳守禮也知道石暘睢逝世前，又另售一批資料給黃天橫。
並記錄其中的歌仔冊有「新刊臺灣陳辦歌。新刊臺灣朱一貴歌。
臺省民主歌，光緒丁酉秋鑴，上海點石齋石印。改良廈門市鎮
歌，廈門會文掌書局發行。南安明月樓中醉客編，最新百樣花
歌，上洋書局發行。新樣桃花過渡。臺灣種蔥。病囝懷胎。鬧蔥。
守寡合歌。光緒丁未年上海石印。寄廈榮記發兌。萬古流芳新
編：劉先生金柜錦囊。上海石印書局發售。」[128] 吳守禮在這篇
文章中指出當時傳世已知的相關收藏，石暘睢的收藏非常具有
代表性。

127 吳守禮，〈石暘睢兄與古本臺灣歌曲〉，頁10。
128 吳守禮，〈石暘睢兄與古本臺灣歌曲〉，頁11–12。

2. 病逝前收藏轉予黃天橫

1964 年 3 月，石暘睢以 67 歲之齡過世，距離他退休不過 3 年時間。事實上，在 1962 年春天獲知確診為骨癌後，曾接受放射治療，但仍未好轉，莊松林等好友經常探視，「我兩三天必探望一次，有時提出新探史料給他鑑定，或將疑難問題請教他，他的意識分明，記憶力甚強。」[129] 但深知來日不多的石暘睢，開始處理他的收藏，他甚至將珍貴的盆栽送給吳新榮，讓盆栽「茂盛在我們的小雅園裡，永遠為瑣琅山房的紀念品。」[130] 而石暘睢的收藏，要能有人可以統一收藏，不至於各自逸散，以方便後續使用，顯然是件重要的事。而這個故事後來跟黃天橫有關。

黃天橫記錄承收石暘睢收藏經過。他說 1964 年，「有一天松林兄來訪我說，石先生願意處分他所藏之古錢和成宗的藏書及史料。古錢是予定找別人來承受，而藏書部分，未不使四散，更別要流落外地，如果你願意承受的話，我們同仁今後要閱讀時，卻較為方便了。」這個理由可以說是任何收藏者都知道。黃天橫聽了莊松林的提議，「我即時答應並請將這份意思轉達石先生，約定不日中運回。但是當時卻使我很躊躇到石先生家裡運回這宗書冊，是因我素來很明白石先生寶惜他那久年的藏書，同時也很清楚他非需要這麼僅少的款項。如此一來是不是

---

129 莊松林，〈懷念石暘睢先生〉，頁46。
130 吳新榮，〈跋〉，頁57。

使他在抱病中更難為情？如此荏苒經過一星期後，松林兄打電話叫我趕快去搬回。他說石先生現在心裡很焦急，似乎非親眼把這事交代清楚後，心內未得安心。如果早日交清不但給他不少安慰，也完成他一項心事。」黃天橫因此決定盡快到石暘睢家裡去裝運文物。因此，黃天橫是深知文物流失的影響，但又知石先生對於文物之寶貝，故而猶豫不決。[131] 莊松林也證實了黃天橫的說法，當石暘睢「深感來日不多，擬將畢生珍藏的文獻與資料全套於生前有所交代，以償心願。經我介紹，終於割愛於同仁黃天橫兄，大家深慶得其人哉！」[132]

石暘睢的收藏轉手到黃天橫保管後，他開始慢慢整理石暘睢所藏的書籍時，讓他非常的感動，因為：

第一、就是他的整理方法很周到，無論什麼圖書，不論巨細都善加整理，例如展覽會之目錄、或零碎的圖片、照相等，分門別類妥為保存。這雖是學人應有處理方法，但如此麻煩的事，一般人是做不到的；第二、他的藏書之中並沒混入一件公物。這便是表現他的為人公私分明。他是住在赤崁樓的一角，文獻委員會和文史協會的地址也是同在一處。如果他是個公私不分明的人，他的藏書內難免混入多少公物了。他如此謹嚴和

---

131 黃天橫，〈石暘睢先生之庋藏文獻與史料〉，《南瀛文獻》（臺南）10（1965年6月），頁20-21。

132 朱鋒（莊松林），〈祭祀物品簿〉，《臺灣風物》（臺北）17：1（1967年2月），頁70。

潔白的性格，則可由其藏書中發現。可見他是一位正直無私，非糊裡糊塗的。甚至他所用的一張紙、一冊小書刊，都是他自己買來的、或學術團體贈送他的。以上二點，事雖小，不無可供為借鏡。[133]

　　石暘睢的收藏，遂在其病危之間，轉移到黃天橫處，這個過程想必讓石暘睢與黃天橫都相當天人交戰。黃天橫的佩服也絕非沒有道理，對於一個要負責公共博物館收藏的館長，而其從年輕以來就有收藏賞玩文物的習慣，兩者之間若是沒有一條清楚的界線，定然會發生許多爭議，這位在吳新榮口中也不領出席車馬費的顧問，心裡應該是有一個絕對的標準。

　　承接石暘睢書冊的黃天橫，也確實是在《南瀛文獻》紀念石暘睢的專輯中將石暘睢的收藏，分為圖書、地圖、目錄與執照等四類，製成一份目錄，其目的除了向石暘睢致意，自然也是回應當日莊松林所說，日後可供大家研究之用。石暘睢轉讓文物的意志很絕決，甚至讓售給黃天橫的書冊中，包括1871年的《公定祭祀物品簿》乙冊，並蓋有「信記石章」。證明為石家遺物無誤，因此莊松林、黃天橫等人擬合併「石家圖書」奉還石暘睢，石暘睢拒而不受，「願供學生研究之參考。茲遵其囑咐，將原文抄錄於後。」[134]

133 黃天橫，〈石暘睢先生之庋藏文獻與史料〉，頁20–21。
134　朱鋒（莊松林），〈祭祀物品簿〉，頁70。

　　莊松林回憶石暘睢生前的最後時光，處理完生平最喜愛的茶器具、古錢、史料舊文獻、陶瓷器後，他在生前最後一星期，告訴他的子女，「當他卒哭之日，應將他的雙親及德配三具神主一併焚毀，以免子孫擔負保管責任。」對於一生中，曾在皇民化運動中，盡力搶救神主、神像的石暘睢而言，[135] 這個遺言，是一位終身以妥善保存藏品為己任的博物館員，人生最後的任務，也是最具深意的交待。

三、鄭成功登陸地點爭議

1. 登陸地點爭議源起

　　戰後初期，鄭成功的歷史地位提高，反清復明的歷史契合國民黨反攻大陸的國策，驅趕荷蘭人抵禦外侮的事蹟，更令其被賦予民族英雄的地位。鄭成功可說是戰後最為人熟知的臺灣歷史人物。其中，鄭成功在臺一年多時間，主要的據點為臺南，相關鄭成功史蹟與傳說相當多，而在戰後初期的情境下，與鄭成功有關的傳說，都被賦予了更加不同的意義。其中鄭成功登陸地點之爭議，藉由對登陸地點競奪，乃至各為主張力爭者的對抗與分裂，都成為那時被輿論熱議的事。在這起歷時 5、6 年的爭議事件中，包括石暘睢在內的臺南文史研究人士，也因支持登陸地為土城與顯宮之別，而產生了攻訐與分裂。

　　鄭成功登陸地點成為一項被熱議的議題，是因 1956 年 8 月

---

135 莊松林，〈懷念石暘睢先生〉，頁46。

9 日，臺大楊雲萍教授擔任領隊的神鷹大隊臺大古史遺蹟考察隊，在鹿耳門溪畔作了一整天的考據工作後，楊雲萍表示「根據我們一天實地考據的結果，推定鄭成功率師在臺登陸的地點，即為現在南市安南區的顯宮里，並在安南區媽祖廟的管廟人林天宋處獲得一張地圖，足資證明。」因此推定鄭成功登陸地點在顯宮里。[136]

消息見報後，中華日報的連景初寫了篇〈鄭延平登陸地點的考證〉，對此議題做了討論。他先是對楊雲萍的說法做了摘錄，但話鋒一轉指出「但據臺南市文獻委員會委員黃典權、石暘睢、江家錦、盧嘉興、賴建銘等的考證：鄭成功於明永曆十五年（一六六一）雖率水師由鹿耳門港（媽祖廟附近）進入臺江，但只登岸踏勘營地，至登陸紮營地係在禾寮港……」他並舉楊英的《從征實錄》指出「四月初一黎明藩（稱成功）坐駕船即至臺灣外沙線，各船魚貫絡繹而至，辰時天亮，即到鹿耳門線外，本藩隨下哨，由鹿耳門先登岸踏勘營地，……，是日水漲數尺，我舟極大者，亦無「××」（原本殘缺，此兩字或為阻礙），亦天意默助也，是晚舟齊到，泊禾寮港登岸紮營」。連景初指 1954 年顏興在〈鄭成功之克臺及登陸地點考〉文中，就已考證鄭成功從禾寮港登陸過程。[137] 連景初

---

136 〈臺大神鷹大隊 在南市考古 獲得新發現〉，《中華日報》，1956 年 8 月 10 日，版次不詳。

137 〈鄭延平登陸地點的考證〉，《中華日報》，1956 年 8 月 22 日，版次不詳。

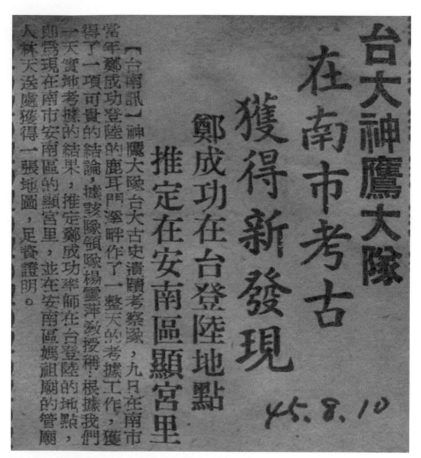

台大神鷹大隊 在南市考古 獲得新發現

鄭成功在台登陸地點 推定在安南區顯宮里

【台南訊】神鷹大隊台大古史讀蹟考察隊，九日在南市常年鄭成功登陸的鹿耳門溪畔作了一整天的考據工作，獲得了一項可貴的結論，據該隊領隊楊雲萍教授稱：根據我們一天實地考據的結果，推定鄭成功率師在台登陸的地點，即為現在南市安南區的顯宮里，並在安南區媽祖廟的管廟人林天送處獲得一張地圖，足資證明。

圖 2-10　楊雲萍與臺大考古隊發表鄭成功登陸地點

資料出處：〈臺大神鷹大隊在南市考古獲得新發現〉，《中華日報》，1956 年 8 月 10 日，版次不詳。臺灣中華日報社股份有限公司提供。

的說法，並未涉入鄭成功登陸地是土城子或者顯宮的問題，而是以顏興的著作，指出鄭成功在臺灣登陸紮營是在禾寮港。

連景初的報導刊出後，1956 年 9 月 2 日臺南市文獻會就組隊到顯宮與土城子進行調查，根據那一天也受邀前往的吳新榮記錄「受南市文獻會的邀請，早晨往臺南會同他們同往媽祖宮及土城子採訪。這些地方是鹿耳門的故地，為明鄭史的第一頁，又土城子曾為臺南縣的一部分，所以我們特別感覺興趣。我們初到媽祖宮後到土城子，正午受土城子人士熱烈的招待，因為他們恐怕南市名勝『鹿耳沈沙』的大名被媽祖宮奪去。」[138] 那一天的考察，石暘睢也參與其中。

從吳新榮的紀錄指出，登陸地點之爭，不僅是歷史問題，也是對於名勝的爭奪，日後，更演變成兩座媽祖廟誰是正統的問題。除了楊雲萍指出鄭成功登陸地點為顯宮之外，1956 年文獻會的調查也得出「……我們以康熙五十八年所建之『鹿耳門天上聖母廟』為勘查中心，承蒙土城、顯宮兩處人士之殷勤嚮導，使我們非常感動。由於他們的幫助，發現該廟遺址已坵沈『鹿耳門溪』之中，根據當時目測，該址距離顯宮里的『鹿耳門天后宮』似乎近些，距離土城的『鹿耳門聖母廟』好像遠一點，所以當時紀錄：『舊鹿耳門媽祖宮遺址約在土城西南二千公尺處，顯宮里東北八百公尺處。』」[139] 文獻會與楊雲萍的調查，

---

138 吳新榮，《吳新榮日記全集 1955–1961》，頁113–114。
139 許丙丁、顏興、王鵬程等，〈鹿耳門古港道里方位考〉，《臺南文化》(臺南) 7：2

圖 2-11　南市文獻會勘查舊北汕尾鹿耳門媽祖宮遺址留影。前排左 1 為連景初、左 2 為盧嘉興、左 3 為黃典權、左 4 為許丙丁。後排左 1 為吳新榮、左 3 為石暘睢、左 4 為顏興、左 5 為江家錦、右 1 為賴建銘。

資料出處：黃隆正先生

　　都以已湮沒的媽祖廟舊址為中心，並由顯宮與土城距此廟之距離，做為何處為鄭成功登陸地的根據。

　　根據 1961 年 12 月 22 日林勇撰寫〈鹿耳門地點考〉一文，文獻會調查之後，登陸地點的討論「不免有對前說之反對者，也曾在報刊散見，但問題尚未至如何嚴重。」直到 1960 年 11 月 21 日《中華日報》每週專訪「鹿耳門尋勝蹟」刊後，問題才

（1961 年 9 月），頁 90。

表面化起來，而登陸地所涉及的媽祖正統之爭端緒頓啟。由於
顯宮人士對專訪內容記事表示不滿，遂於 1961 年 3 月間，招待
記者會反駁土城子主張「有喧賓奪主、存意僭易之非是。而正
統之爭的前哨戰，於是短兵相接了。」另一方，土城子人士也
不甘示弱於 4 月間也舉行記者會，發表七點理由「證明天后宮
在土城子非在顯宮之後，繼續為此媽祖正統力爭，不斷把發現
的界碑、黑石、武館旗桿、絞盤、石質秤錘等消息在各報披露
出來，以資證明鹿耳門媽祖宮在土城子不在顯宮，真是針鋒相
對問題越發擴大了。」[140] 林勇說明了雙方的爭議在 1961 年時進
入白熱化之爭。

　　雙方的針鋒相對為何在 1961 年，主要原因為「正值鄭成功
復臺三百年大典，省民際此良機，為謀紀念這一勇武抵禦外侵
的民族英雄，在其初抵鹿耳門之地建碑，以為後人憑弔昭垂永
遠，自是意深義長的了。」因此，1956 年楊雲萍提出的顯宮說，
雖有不同意見，但一切都在鄭成功復臺三百年的契機下，讓雙
方的對抗檯面化了。

　　那年春天，讓局勢更加嚴峻的是 4 月 30 日「鄭成功登陸地
點紀念碑」立碑。這塊碑是以臺灣大學楊雲萍教授署名撰碑文，
地方的里鄰長為名共立，楊雲萍在碑文中，更進一步詳述了他
的理由。他是根據里長指出家中供奉鹿耳門舊媽祖宮所奉祀之
媽祖神像，進而得之已被洪水沖毀的媽祖廟，考證其距離又與

---

140 林勇，《臺灣城懷古續集》(臺南：臺南市文化基金會，1990)，頁 353–355。

古地圖與方志記載相印證，楊雲萍「又詢一老婦人，謂幼時屢在廟內遊戲，並親見沖毀情形。」、「再閱日據時代舊圖，知此地地名稱為媽祖宮，現改為顯宮里。是此處即昔日之鹿耳門北線尾，而鄭氏登陸地點，當在此一帶也。」[141] 經由被立在顯宮里的碑，讓雙方爭議在 1961 年進到最激烈的狀況。

2. 爭議的白熱化

1961 年 7 月 24 日，臺南市文獻委員會召開了當年度第三次委員會，出席者有江家錦、韓石爐、莊松林、林條均、林勇、黃天橫、許丙丁、石暘睢、賴建銘、顏興、黃典權。列席的有民政局長徐積成，以及顯宮與土城兩地的代表林全福、陳日照、林石柱、郭清林、王朝宗等人。[142]

會議先是徐局長講話，他講了一段不討好特定方的說法，指出「有關鹿耳門史蹟資料甚多，各委員能融貫論證，將來研究結果能確定這一史蹟，地方獲益必非淺鮮；倘論證不確，不良影響，亦甚堪慮。……。希望各位要有勇敢精神，任勞任怨，克底於成。要負起時代責任，請勿推延。」之後由林石柱、郭清林代表顯宮里發表意見，希望文獻會對鹿耳門港地點加以研究，進而作公平判斷。王朝榮代表土城各里發表意見，期待確

---

141 鹿耳門天后宮，〈鄭成功登陸地點紀念碑文〉，（https://www.luerhmen.org.tw/about_us.php?kind=2&class_id=55），查詢日期：2021年2月9日。

142 「臺南市文獻委員會五十年度第三次委員會議紀錄」，收存於林勇先生的《民國四十九年至五十二年 來書信札》書信整理集。

定鹿耳門港地點，為解決糾紛的最好辦法。[143]

接著在土城與顯宮代表離場後，委員各自提出意見，委員的立場差異彼此攻防，也在此間展現。顏興與黃典權會議中沒有表達清楚立場，黃典權只說「有主顯宮說者，有主土城說者，最好不同主張的兩方面各在最短時間內提出論證，具備書面，以示負責。」但支持顯宮的莊松林則說文獻會6位委員已經過考察，並且邀請吳新榮及盧嘉興參加，「已有詳細考證，當時沒有發生問題。考察資料詳實，參證已具規模。今經兩方邀請考定，照理不應予考證，但既有前之考察，亦應予接納，但各人所持資料有限，非經過相當期間蒐集研究，始能以竟事功。」意思就是之前的調查已經很清楚，照理沒有接受的必要。而持不同立場的許丙丁則說「關於鹿耳門之考證，目前為立碑紀念延平王而發，應該研究鄭王進軍復臺之鹿耳門港道，要把握研究主題。立碑地點應即在鄭王進軍之鹿耳門港，不可任令地方人士不經研究而擅自立碑。」明顯對於前此顯宮里所立石碑感到不妥。[144]

委員會後來做成3項決議，其一、指出鹿耳門天后宮正統問題不加以研究。其二、決定集體採訪時間。此點因為史料不清楚，後根據江家錦〈古鹿耳門遺址之研究〉所述，關於集體

143「臺南市文獻委員會五十年度第三次委員會議紀錄」，收存於林勇先生的《民國四十九年至五十二年 來書信札》書信整理集。

144「臺南市文獻委員會五十年度第三次委員會議紀錄」，收存於林勇先生的《民國四十九年至五十二年 來書信札》書信整理集。

採訪之事為「八、九兩月集體前往實地採訪。各委員負責撰乙文，限於年底交稿，刊於「臺南文化」，以盡職責。」[145] 其三、不討論鹿耳門古港遺蹟。[146] 不知是出於對於顯宮里立碑的反制，還是顯宮里在預計立碑的計畫中奪得先機。

　　繼之，連同「……本年為舉辦鄭成功復臺三百年紀念，籌備會決定立碑於鹿耳門，以紀念鄭王之登陸遺址，此事遂引起雙方爭論於報端，且引起全省文獻界之關心，最後南市文獻會奉命考證立碑地點。」[147] 其實立碑之事本來是交代文獻會「編輯組」（文獻會編纂組長黃典權兼任組長）研擬地點碑文，交「工程組」（建設局長鄭凱雄兼任組長）進行興建。但因忙於祭典而無暇顧及，因此立碑任務未能如期完成，加之「編輯組」獨力研擬難昭慎重，因此「推由許丙丁、王鵬程、高宗煦、顏興、黃典權等五人成立小組，並請本市文獻委員賴建銘協助，進行考證、考察，就文獻、實地作慎密之研究，限七月二十日提出報告。」[148] 這場由鄭成功登陸地點爭議而引發鹿耳門媽祖正統的爭執，並沒有在文獻會做成決議後而落幕。林勇接著又說：

　　事因本年八月間，本市鄭成功復臺三百週年籌備委員會為

---

145 江家錦，〈古鹿耳門遺址之研究〉，《臺南文化》（臺南）7：3（1962年9月），頁 51–58。

146 「臺南市文獻委員會五十年度第三次委員會議紀錄」，收存於林勇先生的《民國四十九年至五十二年 來書信札》書信整理集。

147 江家錦，〈古鹿耳門遺址之研究〉，頁51–58。

148 許丙丁、顏興、王鵬程等，〈鹿耳門古港道里方位考〉，頁66。

鄭王建碑，發表：〈鹿耳門古港道里方位考〉一文，并同時擬
進行這一建碑事宜，反使問題糾葛而加速發展，助長雙方之明
爭暗鬥。因此顯宮里里長林文漲，竟於八月下旬列舉四點理由
呈區公所轉呈市府，指駁該會五人小組「方位考」為謬妄，乃
請市文獻會考證以正視聽，之後，廿八日土城子人士郭清林也
函安南區公所轉呈市府，對〈鹿耳門古港道里方位考〉顯宮里
長林文漲指為「謬妄」乙事提出反駁，互相辯難，於是由媽祖
正統之爭急轉為鹿耳門登陸地點之爭議。隨後九月十二日顯宮
林文漲、林天宋、林石柱等在本市興中飯店舉行記者招待會，
當場發表反駁五人小組「方位考」，越日各報競相刊載其全
文。接著九月十八日土城子郭清林、蔡紅沙遂聯名糾正林文漲
等之反駁「方位考」刊於報端了。雙方彼此反駁，甚至有感情
用事互相詆毀之事，把滿池春水鼓盪，掀起巨大波浪來。如上
所述這接二連三的史蹟之爭，惹起對立辯難，非但使全省文獻
界關心其推移，且聳動社會之視聽。所以紀念鄭王登陸地點立
碑之事，遂因雙方爭執，懸而未決，不能不說是一大憾事。[149]

　　文獻會後，兩派的爭執並未平息，依舊是記者會隔空砲
轟，或者登報批評。但〈鹿耳門古港道里方位考〉一文刊登，
並沒有讓這場爭議平息。刊登於 1961 年 9 月 30 日，《臺南文
化》第 7 卷第 2 期的〈鹿耳門古港道里方位考〉開宗明義提出

---

149 林勇，《臺灣城懷古續集》，頁 353–355。

五人小組的聲明：「鄭王登陸之所，要當不出今日安南區城西里一帶立碑紀念，可就該地選擇交通便利、地面寬敞處，籌劃建設。」[150] 文中所謂城西里一帶，就是支持土城的說法。林勇文中，顯宮里里長林文漲確實為支持顯宮說的重要關鍵人，因此也是行動的發起人，一直到隔年，因為《臺南市觀光指南》內文書寫偏向土城說，因此他也再次開記者會批評。[151]

　　這篇堪稱《臺南文化》之中篇幅最長的文章，30 幾頁的內容中，一開始就指出，鹿耳門三字過去的指涉都過於寬泛，「因此歷史家一不小心就會鬧出主題不清的毛病」，釐清問題就是「考出鹿耳門港的方位道里。」文中以土城一帶出土如城東里的壓船艙烏石，並在同里的陳老港宅發現船用纜繩絞盤，乃至於出土「三郊鹿耳門界」，認為這些證據，「很堅強地為其立足地作證……它們建立於清末就證明清末之人對於此處是「鹿耳門」這一事實是明確瞭然的。」並由「出刻一文所需地位與碑石巨大體積不相稱」而指出土城附近因為有大量壓艙石，石材很多，所以經常見大石刻小字的現象，足證此處為鹿耳門港。再者，又經過觀察地形，提出「鹿耳門古港『滄海桑田』的痕跡，尚依稀得見。南起土城鹿耳門聖母廟以北，北連曾文溪岸，東出鹿耳門站（屬學西里）西徂青草里這一帶狀地區，嘉禾晃蕩，

150 許丙丁、顏興、王鵬程等，〈鹿耳門古港道里方位考〉，頁65。
151 〈鄭成功登陸地點南市又掀起爭執，林文漲昨記者招待會指責觀光指南錯誤百出〉，《臺灣民聲日報》，1962年6月10日，版5。

蒼綠一片。……我們站在『鹿耳門站』和土城國校之間公路的中點，向西遠望，可看清楚，偏南倚北都較高聳，東西走向的中間地帶則微為低落，直至西方遠處，始略向南傾，這仿佛是一條 V 形的谷地。跟『十七世紀安平圖』上的港道相印證，道里方位，若合符節。含章煥綺，條理自明，古港舊區，一覽瞭然，自然本身的表現，實在才是最偉大清楚的考據文章。」在這篇也感謝了臺灣大學圖書館賴永祥、曹永和等先生供應古圖的文章中，解釋土城一帶最符合鹿耳門港的條件。[152]「現在欣幸得有寶貴的荷蘭古圖，加上臺灣文獻的大量刊印；益以土城一帶遺物遺蹟的發現，我們披圖考獻，踏勘實地，終於能夠為鹿耳古港的道里方位提出一些肯定的報告。」[153]

在這些綜合性的證據下，五人小組提出的文章，企圖證明土城才是鹿耳門港所在，鄭成功登陸紀念碑也應該設在此處，同理，土城子的天后宮才是所謂的正統。從文獻會委員會中，乃至五人小組的組成，都沒有看見石暘睢跟他最常合作的夥伴莊松林，事實上，同樣任職於文獻會的石暘睢，並不認同五人小組的決議，他的想法與行動，也在同時間用不同的方式進行著。

3. 石暘睢及其同儕的回應

1961 年 12 月 26 日，石暘睢寫〈穎之退耕錄〉於赤嵌樓下

---

152 許丙丁、顏興、王鵬程等，〈鹿耳門古港道里方位考〉，頁91-94。
153 許丙丁、顏興、王鵬程等，〈鹿耳門古港道里方位考〉，頁95。

自宅思無邪齋，他稱已經退休三個月，[154] 因此，1961 年 7 月文
獻會召開座談會以及五人小組提出〈鹿耳門古港道里方位考〉
一文，石暘睢已經約當於同時退休。

　　在座談會中並沒有發言的石暘睢，主張從 1956 年來的看
法，亦即鹿耳門港為顯宮一帶。吳新榮提及了文獻會內兩派意
見相左的經過，1961 年 6 月 15 日的日記中說，「昨夕獨到臺南，
於興南車站聯絡到王盡瀨君，順訪石暘睢兄於赤嵌樓。石兄報
告我關于鹿耳門舊跡媽祖宮及土城子之爭，給我有一明確的預
備智識。後盡瀨君嚮導我到民權路訪問王朝榮君，……他們都
主張古時北汕尾的北端即是現在的土城子，就是土城子附近即
是古時的鹿耳門，即是鄭成功的登陸地點。對此持有反對的意
見者有：石暘睢、莊松林、盧嘉興諸君，這也是在南市文獻會
對黃典權組長的反對派。」[155] 吳新榮筆下的鄭成功登陸地之爭，
造成了文獻會與臺南市文史研究者的分裂。

　　而早於 1961 年 7 月 24 日臺南市文獻委員會召開第三次委
員會之前，石暘睢及其同儕或許已經預知委員會的結果，所以
已經企圖另覓一平臺，對鹿耳門問題提出主張。吳新榮日記說：

　　近午，慶安宮董事長郭泰山先生來訪，決定為《南瀛文
　　獻》的特刊資助印刷費八千元。因為本特刊為鄭成功三百年紀

154　石暘睢，〈潁之退耕錄〉，《臺南文化》(臺南)7：3 (1962 年 9 月)，頁 80。
155　吳新榮，《吳新榮日記全集 1955–1961》，頁 404。

念西港慶安宮祭典的專刊，文獻會無預算可發行而慶安宮樂捐的。在此特刊我們想另刊一篇有關鹿耳門的問題，因為南市正因此而弄得風聲鶴唳。為平議此爭論，我們在正義上、在真理上認為必要這樣做，因為南市諸同道已超過學術問題而在感情用事，以致失了體統。因此我們想聘左記諸同道撰稿以期發揮《南瀛文獻》的使命。楊雲萍、賴永祥、曹永和、顏興、石暘睢、江家錦、莊松林、盧嘉興、林勇與其他。這樣陣營就可壓倒其他了。[156]

這篇寫於 1961 年 7 月 16 日的日記中，一方面指責臺南市同道感情用事，失了體統，並計畫在臺南縣的《南瀛文獻》特刊中，邀集石暘睢等人探討鹿耳門問題，互別苗頭意味很強。隔一日，吳新榮親自去拜訪石暘睢、莊松林、江家錦等人討論特刊事宜，並獲得支持。[157] 繼之在 1961 年 7 月 24 日，吳新榮又寫在特刊內規畫「鹿耳門」專題：

日前因為媽祖宮諸老來訪兩次，表示很誠意及熱心，要我幫忙他們的困難。我也為正義、為真理，不知不覺之中，被捲入「鹿耳門」的漩渦中。這理由第一、是對方太用感情做事了，第二、是對方太不講道理了，第三、是對方太靠權勢了。

---

156 吳新榮，《吳新榮日記全集 1955–1961》，頁409–410。
157 吳新榮，《吳新榮日記全集 1955–1961》，頁410–411。

因此我就順他們的意見及好意，決定明日和他們乘旅行車到臺
北。……。在臺北我想要訪問楊雲萍、賴永祥、曹永和、陳漢
光、郭水潭諸君，請他們為《南瀛文獻》的特刊號撰稿。此特
刊本擬為西港慶安宮資助而出版的……，另闢一篇「鹿耳門」
專題。因此我們也計畫在此三十日以慶安宮舉行董事會的機
會，邀請臺南石暘睢、莊松林、江家錦、盧嘉興諸君往西港採
訪。[158]

　　吳新榮此處所言，應是指出顯宮方面來訪，他也表示支持
土城子說法的一方，太過感情做事、太過不講道理、太靠權勢
了。以上皆顯示就在文獻會委員會舉辦前後，吳新榮與石暘睢
等支持顯宮里說法者的行動，就是打算用臺南縣的《南瀛文獻》
來打對臺。

　　不僅如此，吳新榮在 1961 年 7 月 25 日到 27 日期間，甚至
專程北上尋求學術界人士的支持，25 日，「媽祖宮林天宋氏如
約和江家錦先生來，他們由臺南叫小包車來要我和他們往臺北。
我也愴惶之間同行……」[159] 7 月 26 日吳新榮為鹿耳門問題訪問
支持顯宮說的楊雲萍，又到臺灣大學圖書館訪賴永祥、曹永和，
但未遇，「下午到省文獻會會陳漢光、劉枝萬、廖漢臣、王詩
琅諸君，後呂訴上、郭水潭諸君也來會談。」目的也是談鹿耳

158　吳新榮，《吳新榮日記全集 1955–1961》，頁 411。

159　吳新榮，《吳新榮日記全集 1955–1961》，頁 411–412。

門問題。[160] 27 日則是為相同問題拜訪李騰嶽拜託他主持公道，
「又訪林衡道氏，不在。因為他的言論如對媽祖宮不利，乃往
顏春和氏，因為他是林氏的妹婿，拜託他說項或有利。」[161] 1961
年 8 月 23 日吳新榮向黃朝琴議長陳情鹿耳門爭議。[162] 從吳新榮
日記顯示，支持顯宮里者也未曾停止尋求協助與支援。

　　〈鹿耳門古港道里方位考〉一文刊登未久，1961 年 10 月
16 日吳新榮與莊松林、林勇等人談論鹿耳門問題，吳新榮稱「他
們為鹿耳門問題，在這裡商議要如何進行宣傳。我即說如時間
許我，願肯幫忙他們，助言他們。」[163] 1961 年 10 月 26 日石暘睢、
江家錦、莊松林、林勇和林天宋、林石柱來訪，邀吳新榮共同
北上陳情，「我即和他們一行共七名乘包車北上。途中至新營
即到文獻會看看，又至員林即訪蔡懋君暢談。至中興新村，即
到圖書館訪問吳定葉君，又到民政廳訪楊寶發君。後同到省政
府福利社晚餐，他們都很同情顯宮的陳情。」[164] 27 日，一行人
「訪問省文獻會李騰嶽主任委員。他說下午三時將於省文獻會，
召集鹿耳門問題研究小組，聽顯宮的意見。我們即到臺北市內
訪問楊雲萍君，這位臺大歷史教授甚同情顯宮。後到臺灣大學，
於圖書館訪問賴永祥和曹永和兩君。曹君不在，乃拜託賴君為

---

160 吳新榮，《吳新榮日記全集 1955–1961》，頁 412。

161 吳新榮，《吳新榮日記全集 1955–1961》，頁 413。

162 吳新榮，《吳新榮日記全集 1955–1961》，頁 419。

163 吳新榮，《吳新榮日記全集 1955–1961》，頁 421–422。

164 吳新榮，《吳新榮日記全集 1955–1961》，頁 422–423。

顯宮攝荷蘭時代的鹿耳門相片……」、「下午三時，即到省文
獻會參加鹿耳門問題研究小組的討論。小組由李騰嶽主委主持，
毛一波組長召集，小組員劉枝萬、王世慶兩組長均來出席；而
小組員林衡道、組長廖漢臣編纂有事不來。討論自三時至六時，
結果於顯宮甚為有利。」[165] 此時的石暘睢已從文獻會退休，行
動因此更為積極，北上請求協助行程，即是由他領軍請託吳新
榮協助眾人北上拜訪。

　　1962 年 2 月 8 日，石暘睢、吳新榮、等人赴顯宮踏查，「今
日是媽祖宮林天宋先生特別招待我們的，因為我們素時支持楊
教授之說，即鄭成功的登陸地點是在現在的鹿耳門溪南媽祖宮
庄附近。[166] 吳新榮再敘述了那天踏查過程，再次指出：「我們
大都同意楊教授之說：鄭成功的登陸地點在媽祖宮附近」、「唯
一的證據是現在有一鹿耳門溪，這可以斷定古時的鹿耳門港，
而媽祖廟應該在溪南的北線尾，不會在港北的土城子。」而對
於主張土城子之說者，吳新榮依舊不客氣指責「我們不能強引
附會一些市儈之說，因為市儈者流，常以文獻工作看做政治運
動，以強權企奪真理，誠是我輩文化人所不齒事也。」[167]

　　對於自己的意見始終被石暘睢等人支持的楊雲萍，他則
指出「近數年來，我很少機會去臺南。可是，石先生卻來過

165　吳新榮，《吳新榮日記全集 1955–1961》，頁 423。
166　吳新榮，《吳新榮日記全集 1962–1967》，頁 11–12。
167　吳新榮，《震瀛採訪錄》(臺南：瑯琊山房，1977)，頁 180。

臺北三、四次。大都和江家錦、莊松林、林勇諸先生來。我們有時談到鄭成功登陸臺灣的地點的問題，或登陸的日期的問題⋯⋯」、「我知道石先生與江、莊、林三位先生對於登陸地點和日期，和我的意見相同，感覺高興和受到鼓勵。因為他們比任何人詳細知道臺南地方的歷史、地理，亦最熱愛自己的鄉土臺南。」[168]

　　即使是楊雲萍自始至終都支持顯宮說，但爭議卻未能停歇。1962 年 2 月 18 日，盧嘉興帶著劉枝萬、廖漢臣、王世慶等人拜訪吳新榮，目的是為鹿耳門問題而來考察國賽港。因此「訪問一位八十一歲的曾芋老人詢問底細，他可以說這地方唯一的活文獻。經曾老人一番的說明，我們知昔時的國賽港在現在的美國塭的西方，並不是在臺南市土城子。」[169] 約當此時，省文獻會應該已經組織了一個五人小組，幫忙解決鹿耳門港問題，1962 年 4 月 4 日吳新榮接待省文獻會鹿耳門問題調查五人小組，而在臺南共同迎接者包括莊松林、江家錦、石暘睢、林勇等人。五人小組分別為林朝棨、林衡道、廖漢臣、劉枝萬、王世慶諸兄。並由臺灣大學林朝棨教授主持地理上的調查。[170] 隔天吳新榮在日記記錄五人小組調查結果，也是這一段時間對於此問題的綜論性觀察，他說「此次調查鹿耳門問題的結果，在文獻上、學理上，顯然媽祖宮有利；但在社會上、政治上，

168　楊雲萍，〈石暘睢先生的追憶〉，頁8。
169　吳新榮，《吳新榮日記全集 1962–1967》，頁13–14。
170　吳新榮，《吳新榮日記全集 1962–1967》，頁21–22。

圖 2-12　1962 年 2 月 8 日石暘睢一行赴顯宮（媽祖宮）踏查留影並至立碑前留影。
右圖前排左 1 為莊明正、左 3 為蔡草如、左 6 為江家錦、左 8 為石暘睢、右 5 為
莊松林、右 4 為吳新榮、右 3 為林天宋、右 2 為林勇，第二排右 2 為吳南河、右 3
為林英良，最後排右 4 戴眼鏡者為林勇先生五子林錫田。
資料出處：林錫田先生

　　土城子有制勝之觀。所以省文獻會也很傷腦筋，因此五人小組
也有和解之意見，他們竟叫我為第三者發動和解，但我堅辭此
困難而糊塗的任務。」[171] 因此，即使是五人小組，也覺得此問
題相當難處理，因此有尋求雙方和解之意。

　　1962 年 6 月 23 日，吳新榮、江家錦、石暘睢、莊松林、
林勇、林條鈞等人，到省府打聽鹿耳門問題處理進度「直到省
政府，即到圖書館訪吳定葉君，他即帶我們到民政廳，但楊寶
發君已榮調到內政部，而其他廳員都不得知文獻關係的消息。」
之後到臺北見了省文獻會主任委員李騰嶽「始知道鹿耳門問題

171　吳新榮，《吳新榮日記全集 1962–1967》，頁 22–23。

的大勢，對媽祖宮仍然有利。」[172] 隔天，一行人又問同樣的事拜訪楊雲萍、林朝棨、方豪等人。[173] 對於此行，方豪在幾年後的紀念石暘睢專文中指出，當天石暘睢、林勇、莊松林、林條均、江家錦、林天宋等人，「討論此一問題。我一方面誠懇的謙辭所知有限，不足以判斷此一問題，一方面對於本省學人愛好桑梓歷史，以及認真研究的精神，由衷的表示萬分欽佩。而石先生以風燭殘年，長途跋涉，尤使我對之肅然起敬。」[174]

　　透過方豪的文章，可以讓人感受到年過 60 歲的石暘睢，為了關注他所相信的說法，努力奔走。石暘睢對此問題，有沒有自己的論述呢？1961 年底，石暘睢在他退休後所撰寫的〈潁之退耕錄〉文章中，談了對此事件的看法。他說：

　　本市安南區顯宮、土城兩地人士，自四十五年起，由鹿耳門媽祖正統爭起，至鄭成功登陸地點止，迄今已有六星霜矣。鹿耳門原是一古水道，位於顯宮與土城之間。顯宮原名媽祖宮，據方志康熙五十八年建廟於鹿耳門南畔，近水樓臺先得月，因此廟號為「鹿耳門天后宮」，至同治年間因一場大雨，廟被沖溪中，遺址猶存，按古今地圖考之，遺址接近顯宮，距土城有相當里程。「土城」地名之由來，考之舊志書，均無此記載，據余所知者，鹿耳門以北一帶，自道光年間數次大風

172　吳新榮，《吳新榮日記全集 1962–1967》，頁34–36。
173　吳新榮，《吳新榮日記全集 1962–1967》，頁36–37。
174　方豪，〈敬悼石暘睢先生〉，頁3。

雨，流沙沖積，聚成一片沙浦，因此臺南沿海一帶砲臺俱喪失
海防機能，乃築造土堆之圍城於今之土城，西區協進國校，北
區原日人陸軍公墓地，南區體育場西畔駐防。又光緒年間劉璈
發動兵工政策，築造「永固金城」一座（今之空軍醫院）。此
五座俱稱「土城」但自日人據臺之後，土城均遭拆毀，獨安南
區之土城一帶本無固有地名，因而演變為地名。此乃新近之事
焉。[175]

　　他回顧這項持續了 6 年的爭議事件，他先說了鹿耳門水
道南有媽祖廟的說法，並說明在後來被沖到溪中的古廟遺址，
從地圖上來看跟顯宮較近。並且進一步說，舊志書中均無土城
地名之記載，防禦用土堆被稱為土城的地方有 5 座，但都跟安
南區無關，因此指說安南區土城「演變為地名。此乃新近之事
焉。」石暘睢的說法，以土城地名為新近之事，直接排除鄭成
功登陸與媽祖正統在土城的說法。

　　1962 年 9 月，《臺南文化》7 卷 3 期刊出「鹿耳門」有關
文稿 12 篇，大抵可分為兩個絕然不同的觀點，其中作者陣營許
丙丁、高崇熙、賴建銘、郭水潭、王呈祥、黃典權為土城說立場，
林鶴亭、韓石爐、江家錦、石暘睢、莊松林等為主張顯宮說。「讓
各作者暢所欲言。這樣使關心鹿耳門爭辯的社會人士，可詳獲

---

175 石暘睢，〈顥之退耕錄〉，頁80–82。

雙方的證辭，而後是非真偽，自可公判。」[176] 兩方之爭依舊無解，此事尚且曾請省文獻會協助解答，兩方說法各有支持者，未能在短期內獲致答案。

　　1963 年 3 月 14 日，以石暘睢、江家錦與莊松林三人具名，發文給國立歷史博物館的〈臺南市鹿耳門明鄭復臺始登陸址考證管見紀錄表〉，可視為石暘睢對此事最後但也最完整的表達。文中先是對於文獻會提出的〈鹿耳門古港道里方位考〉，其中對於古地圖距離單位換算「一荷尺為十公尺乃屬臆測」，「所以鄭公

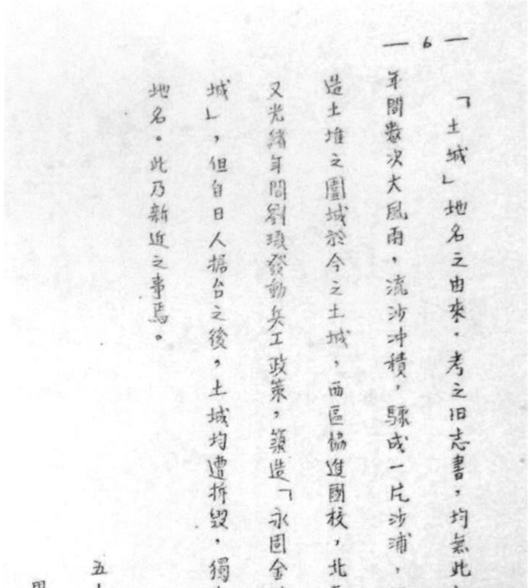

圖 2-13　石暘睢〈潁之退耕錄〉手稿。

---

176 黃典權，〈編者的話〉，《臺南文化》（臺南）7：3，封底。

登陸地點不在城西里一帶」，石暘睢等人又根據荷蘭方提供的「一大哩為 5.358 公里」換算出登陸地點應該顯宮里一帶。他們又提出了方豪對於〈康熙五十三年（1714年）測繪臺灣地圖〉一文及姚瑩的《中復堂文集》等，均提及安平熱蘭遮城到鹿耳門的距離，據此換算因此認為鄭成功登陸鹿耳門應當在顯宮里一帶。[177]

1965年，稱石暘睢為「文獻導師」的盧嘉興，寫出了一本擲地有聲的著作——《鹿耳門地理演變考》，可說是石暘睢陣營最具分量的回應，他指出土城以出土竹竿為天后宮文武館旗桿，盧嘉興研究則認為是哨船的船桅，對於三郊界址碑、石珠及石香爐等，經詢問出土地點均在「離現媽祖宮村落東北方約八百公尺處之鹿耳門溪底」。[178]盧嘉興也經由地圖與文獻考證認為「媽祖宮便是現在顯宮里的舊名」最後提出的結論也主張「鹿耳門媽祖宮的舊廟址，證實和筆者四十五年參加勘查處相同。」亦即支持顯宮說，全書最後的結論指出「所以筆者認定荷據時期，亦即鄭成功復臺登陸的鹿耳門南岸北線島的北端的地址，應在北緯23度2分23秒處，現今臺南市安南區顯宮里——原地名媽祖宮……。」[179]盧嘉興參酌各種史料與方法的厚重之作，回應了此爭議事件。

177 石暘睢、江家錦、莊松林，〈臺南市鹿耳門明鄭復臺始登陸址考證管見紀錄表〉。
178 盧嘉興，《鹿耳門地理演變考》（臺北：商務印書館），頁3-4、107-110。
179 盧嘉興，《鹿耳門地理演變考》，頁136、208。

　　鄭成功在臺登陸點爭議事件，已經過了超過一甲子的歲月，此事引發關注，自然是因為鄭成功在戰後歷史地位扶搖直上所致，加之媽祖廟正統更是臺灣民間宮廟關注之要緊事。但本文的討論，無意仲裁兩方說法何者為正確，而是當我們看待這些都已不在世的前輩們，曾為了自己所相信的真實，用盡各種方法，田野調查、查找文獻、請教專家，甚至進行遊說，企圖證明自己的推測。

　　石暘睢及其同時代的文史同好，對此議題的爭論，調度了一生所累積的所有功力，面對戰後初期以來，最大規模的論證行動，其所用資料包括文獻、口述、文物、地圖與地理實查等多樣性的材料與方法。他們在一定程度的空間中，開展這場互為各自立場的行動。這群文史先驅以求真的態度，創造臺灣文史議題辯論的高峰。過程容或有意氣之爭，但過了一甲子後的今天，我們應該是去看待包括石暘睢及其同時代的文史前輩，共同創造了那場行動的時代性。

　　石暘睢經歷的時代，如同楊雲萍在戰後初期倡議，「我們現在是要進行『歷史的接收』，從日人的手裡奪回我們的『歷史』」。並指出「日本已倒，我們可立在自由的立場、批評、研究」[180]但也遇到戰後「將臺灣史矮化為中國史下一個微不足

180　楊雲萍，〈文獻的接收〉，《民報》，1945年10月14日。轉引自陳偉智，〈知識的接收：國分直一與戰後初期的臺灣研究〉，《臺大歷史學報》(臺北)61 (2018年6月)，頁99。

道的分支」，因此在為陳漢光寫的《臺灣抗日史》做序時，指出「夫臺灣非無史也，其燦爛與奇離，或並世界各處無其匹；只史書不多耳。」[181] 在這種自尊之中，楊雲萍曾就鄉土與「臺灣的研究」之關係提出想法：「為了排他的、固陋的『鄉土』觀念，而研究變成無謂的『歌頌』。不消說，有『鄉土』觀念的人，才會有『國家』的觀念。……但是，真的『觀念』，不盲目的『自讚』；而是基於客觀的冷靜的『結論』而到達的，這才耐得風雨霜雪。」[182] 這群從日治時期就講鄉土史的研究者，到了戰後初期，秉持冷靜但不歌頌的態度，給予鄉土史不同的定位與時代意義。

小結

　　並不容易用單一的學科範疇來定位石暘睢及其同儕在戰後初期的行動，也一定不適宜採取後設的學術研究典範，來評價他們的研究。戰後初期，任職於臺南市文獻會採訪組長的石暘睢，在其臺南市歷史館 16 年的工作歷程中，置身於與同儕力量的匯集更為完整的背景中，社會也比之戰前的情勢更為穩定，

---

181 許雪姬，〈楊雲萍教授與臺灣史研究〉，《臺大歷史學報》(臺北) 39 (2007年6月)，頁145。

182 楊雲萍，〈臺灣的研究〉，《公論報》副刊「臺灣風土」，1948年5月10日。收於許雪姬，《楊雲萍全集6：歷史之部（四）》(臺南：國立臺灣文學館，2011)，頁229–231。

他們的行動基於職務上的公共責任，也具有個人興趣的開展。然後就在臺南縣市形成廣泛的行動，留下了以石碑、匾聯乃至各種文獻等類型資料的調查、保存與收集，成果多展現於《南瀛文獻》、《臺南文化》等平臺。

　　他們的行動，具有由文獻、物件、口述等多樣性材料所架構的鄉土史認知，他們書寫的歷史，考證地方掌故、特定史實居多，但他們的研究卻沒有沾染上政治的習氣、充斥著民族大義。鄉土史沒有攀附上國家或者偉人，那個臺南的鄉土，是他們所熟悉的故鄉。他們的文章經常僅具有資訊抄錄的性質，從之後的學術研究歷史看來，經常被定位在「史前史」階段，但那些成果在那個時代，卻是前所未及的完整與豐沛。而其透過出版、展覽等途徑，更將過去存在於同好之間的臺南知識，成為一個公開且共享的城市記憶。

　　他們的書寫，還留下了彌足珍貴的田野志，讓我們重建過去行動的脈絡，也讓我們在當代，足以依憑著那些資料，重建對於歷史的想像。他們的行動，綜合了歷史研究、文資保存與博物館等多重取向，但最後的結果，建構了一套保存與傳承臺南知識的系統。如果說臺南是一座古都，石暘睢及其同儕，比較像是一個製作歷史的人，讓古都能夠永遠是古都，就不能缺少像石暘睢這樣的人。

第三章

文史調查的延續
── 行動轉進與精神傳承

第一節　民間力量的集結：臺南市文史協會[1]

一、臺南市文史協會的成立與出版活動

1. 文史協會成立的始末

　　石暘睢的文史調查活動並非單打獨鬥，他有一群同好夥伴，包括江家錦、莊松林、盧嘉興、賴建銘、連景初、吳新榮、黃天橫、謝碧連等人，石暘睢年齡長於多數同好，甚至被少其十餘歲的盧嘉興，稱為「文獻導師」，並且被同輩中人稱為「活

圖3-1　1958年9月28日，臺南市文史協會擇孔子聖誕吉時（下午1時），正式將會牌掛於臺南市赤崁街56號赤崁樓前石暘睢寓所（現址為赤崁樓大士殿），照片中為第一任理事長顏興先生持牌懸掛。

資料出處：黃隆正先生

字典」。他們的行動，最初是在臺南市文獻委員會的架構下開展，但在1958年臺南市文史協會的成立，可視為另一次團體力量的集結。

　　文史協會的成立，是源於1950年代末期，石暘睢與莊松林等人認為「痛感臺南市文獻委員會喪失機能，工作牛步化，而且陷於停頓狀態，為了適合需要與發展，石先生與我們等倡起，以大多數南市文獻委員為中心，而網羅臺南市鄉土研究學人籌組人民團體臺南市文史協會。」[2] 其實，這背後估計也有著從1956年起，為了鄭成功登陸鹿耳門的問題，引發顯宮派與土

2　莊松林，〈懷念石暘睢先生〉，頁45。

城派等兩派的對立，支持鄭成功由顯宮登陸者為石暘睢，同為
臺南市文獻會的黃典權等人則認為是由土城一帶登陸，臺南市
文獻委員會也因此分裂成兩派。其實石暘睢過世後，紀念專輯
由《南瀛文獻》規劃，而非《臺南文化》出版，就可知臺南市
文獻會兩派的分裂，為此黃典權曾對吳新榮表示，《南瀛文獻》
「出刊〈石暘睢先生紀念特輯〉對他有點諷刺。」[3]

　　臺南市文史協會的成立過程，根據陳奮雄的梳理，大致經
過為 1957 年 11 月，由莊松林提議，並取得石暘睢、林勇、江
家錦、賴建銘、連景初、黃天橫等文獻委員的贊同，於同年 11
月 28 日向臺南市政府提出籌組臺南市歷史文化研究會之申請。
12 月 6 日，奉臺南市政府函通知准依「臺灣各種聯誼組合管理
辦法」籌組。12 月 8 日，協會就呈請改名為臺南市歷史文化協
會。1958 年 3 月 29 日，文化協會在臺南市立圖書館舉行發起
人會，由發起人顏興、許丙丁、葉書田、張振樑、林斌、石暘
睢、韓石爐、林條均、江家錦、賴建銘、盧嘉興、吳樹、黃天
橫、連景初、莊松林等人中，選出顏興、許丙丁、林斌、石暘
睢、韓石爐、江家錦、賴建銘、盧嘉興、莊松林等人為籌備委
員，並由顏興擔任籌備主任委員。隨後召開數次籌備會議，審
查會員、商定組織章程、預算等案。最終於 1958 年 6 月 29 日，
假赤崁樓文昌閣舉行成立大會。臺南市政府於 7 月 14 日，給予
人民團體立案證書，由時任市議員的顏興擔任負責人，會址設

3　吳新榮，《吳新榮日記全集 1962–1967》，頁288。

立在石暘睢任職的臺南市歷史館。同年 9 月 28 日，朱玖瑩親題
「臺南市文史協會」牌匾掛牌，將牌匾掛在赤崁樓旁的石暘睢
寓所。[4]

　　臺南市文史學會遂在包含了多數臺南市文獻會委員也參與
的情形下成立了，在協會的章程中，第二條指出「以研究歷史
文物及發揚民族精神為宗旨」，並指出協會的任務為「籌辦集
團採訪，蒐集各種史料。舉辦各種座談會、展覽會；並聘請學
者名流演講。與各學術單位交換文獻。出版年刊或季刊及各種
典籍。」等四項。四項任務，有延續性者，如集團調查與展覽會，
但像是出版年刊或季刊及各種典籍，在文獻會的架構下，《臺
南文化》出刊的是編纂組。石暘睢並非負責出版，因此協會的
這個新任務，倒是讓這群文史同好，有了自己編輯刊物的空間。
協會並且歡迎有志於「民俗、考古、民藝、語言、掌故者」均
可以在經過一定程序後入會。[5] 協會以相當遼闊的範圍邀請各方
同好加入，也因此如知名畫家蔡草如以及擅長為歷史人物塑像
的邱火松，均為文史協會的會員。

　　值得注意的是，由於戒嚴時期人民團體成立都需要層層檢
核，因此籌備過程眾人莫不戰戰兢兢，當時有賴謝碧連律師協
助，為恐集會結社替大家招來麻煩，因此在臺南市歷史文化協
會章程草案與臺南市文史協會章程裡，「第七條：本會不參加

4　陳奮雄，〈臺南市文史協會沿革與《文史薈刊》編輯出版〉，頁178–179。
5　臺南市文史協會，「臺南市歷史文化協會章程」。

任何政治活動。」相對應的第八條中則說「凡有左列情形之一者不得為本會會員：一、背叛中華民國者。二、禁治產者。三、有不良嗜好者。」十足是在戒嚴時期人民團體成立時所對應的特殊氛圍。[6]

　　石暘睢身為市府歷史館的館長，但因對於政府漠視文化工作的失望，乃至文獻委員會因鄭成功登陸問題而幾乎分裂，在此情形下，乃與同好出面組織文史協會，住所甚至成為協會牌匾掛牌處，等同於會址。這是 1950 年代臺南文史社群的重要集結，也是臺南文史調查力量的匯聚。迄今，文史協會當初會員的二代，如 2022 年時的理事長連風彥，就是第一代會員連景初的公子，莊松林之子莊明正、林勇之子林錫田、黃天橫之子黃隆正、邱火松之子邱品傑，都承接著父親的夙志。以及晚近加入，愛好臺南文史的新血，一同以文史協會之名，繼續守護臺南的文史資產。[7]

2.《文史薈刊》的出版

　　臺南市文史協會成立之後，在第一屆第一次理監事會中，就對落實「出版年刊或季刊及各種典籍」一事，開始商討編印年刊之事。並為此召開《文史薈刊》編輯小組會議，聘請石暘睢、韓石爐、江家錦、林條均、鄭喜夫等為圖書小組委員，同時在黃天橫協助下前往臺灣省立圖書館、臺北圖書館各地拍攝

6　臺南市文史協會，「臺南市歷史文化協會章程」。
7　陳奮雄，〈臺南市文史協會沿革與《文史彙刊》編輯出版〉，頁180。

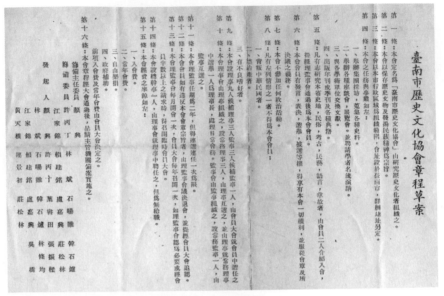

圖 3-2　臺南市文史協會本來的名稱為臺南市歷史文化協會。
資料出處：臺南市文史協會

資料。最終於 1960 年 6 月正式發行第 1 期《文史薈刊》，1960
年 12 月第 2 期出刊，此後由於經費拮据，發行兩期而宣告停刊。[8]

　　《文史薈刊》出版宗旨指出：「臺灣在這十年間，出版的
雜誌期刊，真是汗牛充棟，盛極一時。但本著學術至上的原則
來表達學術的刊物，誠屬鳳毛麟角。我們為了搶救這不斷如縷
的文化系統，為了保存這慘遭毀滅的歷史真蹟，創造這一刊物，
以期促進海內外文化交流。我們所謂學術，就是凡文學、文史

8　陳奮雄，〈臺南市文史協會沿革與《文史薈刊》編輯出版〉，頁187。

有關連的，有問題的，有研究的論著，我們都熱誠歡迎。我們這個刊物，希望形成一塊學術研究的園地。」[9] 而在出版的前兩期，石暘睢各自供應了版印與古錢等收藏。

在《文史薈刊》第 1 期中，石暘睢、莊松林、黃天橫等人合著〈臺灣歷史人物印存〉，共計收錄 48 人印存 97 顆。這是另一項長期積累而完成的工作，作者在凡例中指出這項工作起始於日治時期調查區聯的行動，戰後有在木板志書發現一批，但「當時本市尚無一學術性團體及刊物，遂再擱置有年。」而開始編輯之後，更是集臺灣、日本與美國等處資料而成。內文由印影與小傳兩者所構成，在此部分，包括石暘睢等作者作了很重要的解釋，例如為何用拍攝的方式，表現印存，是因為：

歷史印存與一般印譜的性質迥異，貴在存真，非在求美，所以拍攝實物，仍為存真之最有效方法。……而就小傳來說，我們一反過去作風與作法，不以抄寫舊志書之現成傳記為能事，本實事求是之法則，以遺留之歷史文物與遺著為主要資料，再以舊志書與各種文獻為參考資料，經過一再考證，然後整編而成。至其題材，以人物之基本要素與來臺任卸或生卒年代與遺物及遺作等三項，為構造之骨幹，而且文章扼要簡明，力求紀實。綜而言之，存真與紀實為本編之兩大特性。[10]

9　臺南市文史協會，〈發刊詞〉，《文史薈刊》（臺南）1（1960 年 6 月）。未編頁碼。

10　石暘睢、朱鋒（莊松林）、黃天橫，〈臺灣歷史人物印存〉，《文史薈刊》（臺南）2（1960 年 12 月），頁 113–131。

前述說法，解釋了從《臺南文化》4 卷 4 期「歷史館專號」中，為何用拍照攝影，係為存真的目的。而就小傳，也不以志書的現成傳記為主，而是經過參考多方資料後，完成的文體簡明的小傳，也就是用具有當代視角作者觀點的方法，介紹這 48 位歷史人物。《文史薈刊》直到 1996 年始復刊，並陸續出版至今，2020 年為復刊第 11 輯，並為臺南市文史協會六十週年紀念特刊。

除此之外，文史協會亦曾在 1959 年 1 月與臺南市圖書館合辦「臺灣文獻名人書畫展覽」，也多由協會同好提供展品。[11]

二、臺南市文史協會的調查活動

1. 魯王壙誌出土事件

臺南市文史協會成立後，幾乎每個月都有兩次的調查行動，行動力可以說是相當的旺盛，而在成立後的十幾年內，業務發展重點包括對於南明監國魯王壙志進行研究；對於鄭成功地點與時間問題，函請荷蘭阿姆斯特丹、萊頓、烏特勒支等大學，及海牙檔案館釋示荷尺、半小時行程等相關問題，亦即是以文史協會為平臺，持續爭取前章節所論顯宮里說的行動。再者，則是在 1965-1967 年間，經常與法國漢學家施博爾在臺南縣市與高雄縣進行田野工作。最後，則是平埔調查工作。[12]1970

11　臺南市圖書館、臺南市文史協會，《臺灣文獻名人書畫展覽》。
12　陳奮雄，〈臺南市文史協會沿革與《文史彙刊》編輯出版〉，頁180。

圖3-3　1965 年 2 月 14 日，臺南市文史協會成員帶領外籍學者施伯爾（荷蘭）、柯寶山（西德）、韋雅修（瑞士）拜訪吳新榮時合影。照片中前排由左而右為鄭喜夫、莊松林、賴建銘、連風彥、許成章、吳新榮、林勇，許成章後方為連景初。
資料出處：林錫田先生

年代則可見於參與各種文化活動，見諸報端者如經常參加祭孔活動。[13]

　　其中，1959 年魯王壙誌出土，澄清了一段三百年來，認為魯王係被鄭成功所害而沉於海的傳統說法。吳新榮日記就曾記錄「自在金門發現明魯王的墓誌銘以後，……鄭成功迫死魯王於海之說不確；此種種可見歷史是人造的，不管與史實符不符，

13 〈祭孔大典二十八舉行〉，《聯合報》，1971 年 9 月 25 日，版 6。

換一次朝代，就可改變一次歷史。」吳新榮去參加開山廟魯王
忌祭時的那天寫下了這件事。[14]

　　當時的媒體也報導「金門魯王壙誌出土後，對過去明史所
載鄭延平王沉明監國魯王於海的冤誣，已澈底為之湔雪。蓋據
魯王壙誌記載魯王逝世係在延平王之後。此一歷史上重大的翻
案，使史學家均感快慰。」因此準備利用魯王逝世紀念日在延
平郡王祠向鄭成功行祭告禮，「告以舊史冤誣已雪，同時設位
遙祭魯王，同慰忠靈。此一祭典係由臺南市文獻委員會聯合中
華聖道會南市分會、臺南市文史協會所共同舉辦……」[15]

　　魯王壙誌出土後，立即成為文史協會同仁的焦點，如同報
載的「使史學家均感快慰」。協會在得知壙誌出土後，就去函
請金門防衛司令部、金門縣政府惠贈拓本及照片。因此先後得
到「壙誌拓本三份及永曆通寶，明代瓷碗照片」以及發現者劉
占炎先生惠贈發掘照片 8 張及說明。文史協會在《文史薈刊》
第二卷中，便刊載協會藏的「皇明監國魯王壙誌拓本」寫真本，
並以「南明史研究」為該期專題。莊松林亦在〈金門發現的南
明碑碣二件〉指出「現在魯碑之發現，不但更加詳明魯王世系，
而且對其死因。卒時、葬地均有詳確的證實，由此可以糾正舊
文獻的錯誤，亦可雪白垂三百載誣蔑的謠傳，從而結束了魯鄭

14　吳新榮，《吳新榮日記全集 1955–1961》，頁306–307。
15　〈「沉王於海」冤案昭雪 各界擬於魯王忌辰在鄭王祠舉行忌告〉，《中華日報》，
　　1959年11月25日，版次不詳。

之間一段不明不白的冤案。」[16] 一件出土物，改變了一段三百年來的誤傳之說，筆者相信這段往事於石暘睢與莊松林等文史協會的會員而言，應是很大的振奮，因為挖掘新史料，正是他們長期以來進行的事。

2. 明墓祭掃活動

陳奮雄〈臺南市文史協會沿革與《文史彙刊》編輯出版〉一文中指出祭掃明墓是協會的傳統，他說臺南市文史協會成立後，於 1958 年 11 月開始，幾乎每個月都有兩次以上的史蹟勘考工作。其中，最重要的是從 1959 年 4 月 5 日清明節起，每年清明節前後，本會理監事及會員均準備鮮花、紙錢等祭品祭掃臺南市古明墓十餘坵，甚至予以整修，至今從無間斷。[17]

1959 年春天，文史協會成立之後迎來第一個清明節，報載「臺南市文史協會，以遺留本市近郊明代古墓，有十餘處之多，其中如曾蔡二姬墓、鄭氏二公子墓，及洪夫人、鄭旭初與曾振暘墓等，歷年均無人祭掃，五日適逢清明節，該會同仁，擬攜鮮花、香燭前往祭掃，藉表慎終追遠之思。」[18] 從日治時期開始延續到戰後初期，石暘睢與莊松林對於臺南的明墓調查貢獻最大，兩人都曾為文明墓出土的歷程，明墓發掘有時因為都市開發清塚時發現，但挖掘之後，如何對待，是一件值得重視的事。

16　朱鋒（莊松林），〈金門發現的南明碑碣二件〉，《文史薈刊》（臺南）2（1960年12月），頁97–100。

17　陳奮雄，〈臺南市文史協會沿革與《文史薈刊》編輯出版〉，頁180。

18　〈今日為清明節 各界遙祭黃陵〉，《報刊不詳》，1959年4月5日，版次不詳。

戰後初期，石暘睢擔任文獻會採訪組長期間，每遇明墓，待調查後就經常由文獻會重修，並且視情形合葬。如 1947 年發現的「史諒墓」，臺南市文獻委員為保存，而於 1953 年將遺骨及墓碑等遷葬。而在史諒墓附近的「陳忠欽墓」，以及鄰近的「黃公墓」，也在 1953 年「遷與史、陳兩公合葬為一墳。」而在修墳時，又發現「李公墓」，因此也將李公合葬。此後如「許冲懷夫婦墓」「許申墓」、「鄭旭初墓」、「蔡孺人母子墓」等，也都是文獻會處理遷葬等事宜。[19] 這些 20 世紀出土的古墓，在戰後初期，大概僅有大南門外的林朝和墓尚有後代管理，其餘均已無後人維護與祭拜。

石暘睢與莊松林等人之所以修築明墓，如同莊松林指出：

墳墓是民族的里程碑，尤其是臺灣的明墓可以說是我國民族精神卓越的標識。寫了民族存續與國家復興，對於「臺灣的明墓」應于重視，設法保存，藉以發揚民族精神。墳墓的保存方法有二，一為「現地保存」，一為「易地保存」，後者一種係因於葬地遼遠，或易於湮滅，出於不得已的一種權宜的辦法。依照本省的風俗，要保存祖先墳墓，必須經過一番發掘改葬手續，俗稱洗骨，將遺骨藏入骨壺（俗稱「金斗」），然後再行埋葬，始得保存永久。過去，我們為了保存明墓，利用其改葬的機會，曾作學術的探討，同時由此獲得了無數的史料，

---

19 石暘睢，〈臺灣明墓考〉，頁27。

作為史料謬補遺之用。[20]

　　莊松林指出了面對明墓時，從歷史意義、學術研究、保存方法，乃至於尊重民間習俗的處理方法等面向的意義與處理原則。其中，探究歷史以及民間習俗兩者均應該兼顧。因此這些調查研究明墓的研究者們，在遷葬明墓後，以民間部門的文史協會發起於每年清明時祭掃明墓，是相當有意義的行動。

　　這項行動在協會成立之初就開始，而到現在協會依舊持續此活動。在協會留下的文獻中，如 1988 年 3 月 27 日，臺南市文史協會第六屆第一次理監事會議中，採訪組副組長邱火松就提案於清明節祭掃曾蔡二姬墓、鄭二公子墓、鄭旭初墓。也在這次的祭掃中，發現「墓前已為人築建新墳，並將砂石等亂堆放在曾蔡二姬墓，使古蹟凌亂不堪，該會決函請市府加以重視管理。」[21] 掃墓隔天的 1988 年 4 月 5 日，臺南市文史協會就函請臺南市政府維修「曾蔡二姬墓」、「鄭旭初墓」、「曾振暘墓」、「許沖懷夫婦墓」。指出「各墓之碑文已極度風化，如不採預防措施，再經以年，恐碑文殆失。應塗銀硃以防風化。並反應各墓未再修葺，行將埋沒，或者墓庭堆有砂石，凌亂不堪，並應該修葺並宜豎牌以示珍視維護。」[22] 市府在 4 月 9 日回復

---

20 莊松林，〈臺灣的明墓雜考〉，頁44-55。

21 連景初，〈臺南市文史協會，於四日清明節上午，往祭掃明代古墓，以追懷先氏〉，1988年4月4日，《中華日報》，版次不詳。

22 臺南市文史協會，「為本市現存明墓亟待維修以護古蹟」、「貴會函為本市現存明墓亟待維修以護古蹟，復如說明，請查照」。

臺南市文史協會，指出「鄭旭初」、「許沖懷夫婦」墓內政部
尚未公告指定為古蹟。「惠請提供相關歷史文獻資料及位置圖，
供本府呈報內政部爭取列為古蹟，俾使得以適當維護。而『曾
蔡二姬墓』本府限於人力，目前尚無專人管理。惟今後自當加
強巡邏外，近日內將僱工前往清理。石碑極度風化塗『銀硃』
是否適宜，將請教專家後辦理。」

　　臺南市文史協會承繼著先人的行動，持續祭掃明墓，這些
幾百年前來到臺灣的人，並非石暘睢與莊松林的祖先，但基於
對於先人的尊敬與歷史的求真，他們在取得珍貴的歷史材料後，
轉而以民間的慣習表達他們的敬意，並且一直持續到今天。

第二節　跨海澎湖踏查與南瀛博物館構築

一、文史社群的澎湖踏查

　　石暘睢等文史社群經常結伴調查，不僅是臺南市文獻會的
集體調查，臺南縣古碑調查也是集體行動的成果，他們也曾在
1958 年 2 月 9 日至 11 日到日月潭參與救國團主辦的文史青年
年會，並轉赴廬山、霧社等地踏查。[23] 顏興、石暘睢、莊松林、
盧建銘等一行人在「人止關在眉溪上方，距霧社之北約一里。
此地溪小山逼，兩山如眉，地勢急峻，土蕃持為險要，日軍討

---

23 〈文史青年年會 蔣經國致詞〉，《聯合報》，1958 年 2 月 9 日，版 3。

圖3-4　文史社群同仁訪霧社人止關
前排左1為盧嘉興、左2為賴建銘。後排左1為連景初、左2為江家錦、左4為石暘睢、右1為莊松林。
資料出處：黃隆正先生

番至此死傷慘重。」也「攀登高山訪問一老媼，媼為霧社事件山胞之生存者，曾被聘拍『青山碧血』影片之臨時配角故云。」[24]

　　但若說起能讓石暘睢印象深刻的調查，應該是1958年的澎湖行。莊松林曾回憶石暘睢對澎湖踏查的評價，「他認為近年來最滿意有三件事：……第二是我們集團飛到向被閑視的澎湖本島，找到各色各樣的貴重的新史料，……是我們的羣力與和氣的成果，也是他畢生的里程碑。」[25]

　　石暘睢所說的澎湖踏查是在1958年3月，由石暘睢帶隊，

24 顏興，〈遊廬山雜詠〉，《臺南文化》（臺南）6：2（1958年9月），頁58–59。
25 莊松林，〈懷念石暘睢先生〉，頁46。

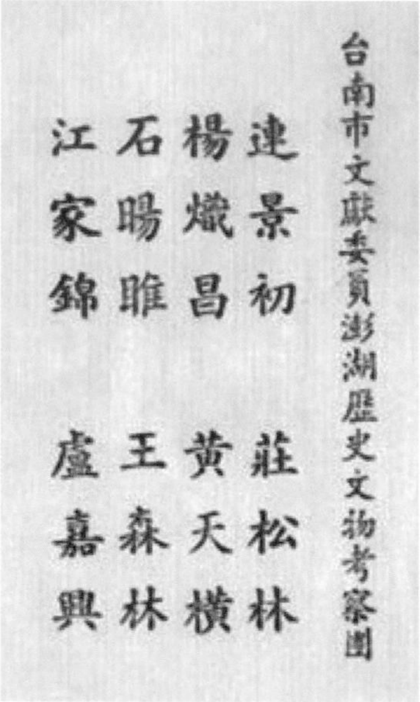

圖 3-5　澎湖歷史文物考察團成員
的名片
資料出處：黃隆正先生

圖 3-6　澎湖天后宮的「沈有容諭退紅毛番
韋麻郎等」碑，當時此碑置於天后宮後殿一
座小門的門柱旁。
資料出處：黃隆正先生

「依靠臺南扶輪社資助澎湖來往之飛機費，組成臺南市文獻委
員澎湖歷史文物考察團。石暘睢擔任團長，莊松林、江家錦、
黃天橫、連景初、盧嘉興諸先生及扶輪社秘書楊熾昌，攝影家
王森林先生等為團員一行八人，搭乘 CAT 之班機飛往澎湖，作
為期五天之考察。」[26] 那段旅程，飛機一起飛，就有個插曲，楊
熾昌回憶起那天跟石暘睢同坐搭機的經歷。他說「石館長與我
同坐一椅上，起飛不久，他即發現機翼上有乙支螺旋釘受飛機

26 賴建銘，〈石暘睢先生年表〉，頁49。

振動，浮出浮入，當時他很恐惶，是否飛機發生空中分解。」石暘睢很緊張得注視那個釘子不放，最後他向楊熾昌吐一口氣說「命運是註定的，分解在空中墜落也好，是否一種好探奇呢！」楊熾昌說「這時我看到他的人生哲學之露呈，這樣對人生的想法決定了後，他已是安定心情了。」[27]石暘睢是在這種搭機的不安中，飛抵澎湖。

他們到達澎湖之後，根據黃天橫記錄 3 月 18 日到 22 日在澎湖的踏查行程，他們首先就往澎湖縣議會及縣文獻會拜訪，隨後到城隍廟、北極殿、施公祠、天后宮、水仙宮等位在馬公的宮廟，看見多件石碑、匾聯。並在天后宮後殿一座小門門柱旁，看見臺灣最早的石碑「沈有容諭退紅毛番韋麻郎」。「翌日，往澎湖白沙島西北端通樑，一群榕樹連肩叢生，是在臺灣罕見的奇景，徒步往至後寮威靈宮（太子廟）有完整旗桿，及石碑『魑魅魍魎』四大字，道光二十二年建置。」這一天他們到了赤崁瓦硐村張百萬舊居，張百萬於明末由金門來澎湖。他們一行人在張宅發現 7 座神主以及 6 尊木刻塑像男女，還有乾隆 38 年分產時的鬮書。第三天，到湖西鄉訪查明末赴澎湖的洪氏家族及良文港的史前遺跡，江家錦在此撿到彩陶片。後來到了隘門、林投澎湖公園及王爺廟等地。第四天，「全員分為二隊，一隊赴中屯島、永安橋（今稱為中正橋），看『繼安碑』。另一隊再往瓦硐重查張百萬資料。並在蔡廷蘭故居看見蔡廷蘭畫

---

27 楊熾昌，〈石暘睢先生兩三事〉，《南瀛文獻》（臺南）10（1965 年 6 月），頁 19。

圖 3-7　澎湖當地報紙《建國日報》報導了南市文獻會抵澎考察。
資料出處：〈臺南文獻會 攷察團抵澎〉，《建國日報》，1958 年 3 月 19 日，版 4。

像，畫像中有呂世宜所題的詩句『風塵萬里客，天地一詩人』。
此日結束旅程由馬公飛向臺南。」這篇黃天橫寫於將近 20 年後
的回憶，認為那趟考察相當成功，因為是「首次有文化團體對
澎湖歷史文物做深入採訪之始，回臺灣後，連景初分做幾次於
中華日報刊出報導性文章，江家錦亦受聘至臺南扶輪社月例會
做專題演講報告。幾個月後，臺灣大學歷史系師生由楊雲萍教
授領導，踏著我們的訪查足跡，再進行了一次調查採訪。」[28] 一
行人也為澎湖生活風俗有所體會，例如連景初就指出「澎湖女
郎用一條包袱巾和一條面巾蒙面，蒙得只留下眼簾的一線，這

---

28 黃天橫，〈回首臺南市文史協會〉，《文史薈刊》（臺南）復刊 3（1998 年），頁
　　2–3。

圖3-8　石暘睢（左1）、
莊松林（左3）、江家錦（左
5）、連景初（左6）及黃
天橫（左7）於澎湖中央老
街四眼井的合影
資料出處：黃隆正先生

固然是為了避免風吹日曬，也是不肯拋頭露面，使人無法一觀
她的本來真面目，澎湖做工女郎的蒙面，較之臺灣本部的女郎
尤為緊密，這是前往澎湖采風者所認為新奇的鏡頭。」[29]

　　連景初為這次的澎湖調查，留下了數篇精彩的報導，他先
指出了此行三件值得報導，「一是澎湖最富者張隱（百萬）的
傳奇性的發跡，一是澎湖最貴者蔡廷蘭進士的不平凡遭遇，一
是澎湖最早的一大氏族洪姓的開闢的辛酸。」[30]

29 連景初，〈張百萬富甲臺澎〉，《臺南文化》（臺南）9：1（1969年3月），頁71–
　 73。
30 連景初，〈張百萬富甲臺澎〉，頁71–73。

圖 3-9　黃天橫拜訪張百萬故居時拍攝的〈懷遠將軍誥命文〉木刻匾，此碑當時由張氏子孫收藏，現存於白沙鄉瓦硐村張氏家廟。

資料出處：黃隆正先生

圖 3-10　黃天橫所拍攝的張百萬塑像

資料出處：黃隆正先生

　　連景初先說了當地流傳張百萬到澎湖時「初為人幫傭，其貌不揚」，但常拾後來被視為「烏金石」的石塊，於是成為百萬富翁的故事。由於眾人早聞張百萬傳說，所以第二天就到白沙鄉瓦硐村去訪張百萬舊居，「到達時，發見三百年前的富甲臺澎的張百萬舊居，現雖衰落凋敝，但昔年豪富的格局規模，隱約尚存，瓦硐村張氏大屋，除倒塌外，尚有廿餘棟，當其正財富鼎盛時興建的八座大屋，雖倒了五座，」後來他們實際去丈量 8 座大屋，佔地 674 餘坪，正面寬共 114 臺尺，側面長 213 臺尺，有兩正門與兩側門，有廳房大門數十間，還有 4 個龍虎井及棧房馬廄等，「如此巨宅，非富豪不能建造，何況其後子孫們尚陸續建家祠書齋及其他廿幾座的大屋，如此宅第相萬連，真不快被稱作張百萬。」經過實際丈量後，一行人陸續發現「張氏子孫現藏有清代皇帝的誥封（木刻匾），上載張隱（百萬）子遠，孫啟俸。」、「在瓦硐村四十一號張春治宅，找到了張隱的神主，……同時並找到他的木質塑像一尊。」並由相關資料判斷張百萬「生於明萬曆卅六年，如三十歲左右來臺，當在明崇禎年間。」也從現存神主中，得知張百萬子孫八房。「張家的發達起自明代永曆初年，至清咸同年間方衰落，現在已凋零不堪，張家前後豪富約共一百餘年。」、「張百萬真是名不虛傳富甲一萬，但曾經何時，張家已是中道衰落，……昔年堂皇大廈，如今也不少倒塌，一片凋零氣象，使人有此事滄桑，好景不常的感覺，雖如今張百萬的『拾烏金石』的故事

仍流傳澎湖，可是這些均已成為陳跡。」[31] 張百萬的調查中，看
見了這群夥伴熟悉地用丈量，解讀文物，嘗試了解這位具有傳
奇性的澎湖巨富。

　　一行人也訪問了湖西鄉洪氏的各村落，足跡遍隘門、林
投、尖山、龍門、湖東、湖西、紅羅罩等村。對於湖西鄉紅羅
罩村洪姓的調查，是對於大家族歷史的關注。紅羅罩洪氏來自
福建金門，族中輩序是：「得澄與欽，元應君廷，弘鐘淳桓，
繼世丕承，瑞兆良會，大啟文銘，允昭吉慶，保邦安寧」，紅
羅罩洪姓自洪君直在明代萬曆年間，渡海來澎在紅羅罩居住，
後來在海上失事，其妻陳氏，遂與兒子廷發、廷萬、廷芝三人
寓於紅羅罩，都以討海捕魚為主。對於石暘睢一行人的調查，
連景初指出「每十二年的冬節，散佈於澎湖各島嶼的洪姓宗親，
均須派人至紅羅罩的宗祠祭祖，以每一地支（十二年）的子
（鼠）年會祭一次。至廿餘年前宗祠已經倒塌，於是每十二年
一次的大會宗親，祭祀祖先的盛典也告廢止。」他們到達紅羅
罩之後「先訪紅羅罩村三十五號的洪丁妙，借閱洪氏的兩大族
譜，舊的一本是抄自金門，記載著金門后豐港洪家的世系及字
輩，來澎開基的是十三世祖洪君直。……新的一本族譜即是自
十六世起，且此六房的鐘字輩均有神主，神主中記載著長房鐘
明……。」連景初曾訪問湖西國小校長洪文周，龍門村（屬湖
西鄉）的龍門國小校長洪清心（均尖山人），「他們都說祖先

31　連景初，〈張百萬富甲臺澎〉，頁71–73。

從紅羅罩遷居隘門。這些洪氏的世代子子孫孫，綿衍繁殖，至今仍富有濃厚的家族色彩，……」。相較於張百萬的傳奇故事，紅羅罩洪氏祖先來澎時，「多係孑然一身，其子孫也多相承以捕魚為主，……，其子孫也沒有得過什麼功名，只是靠海吃海，世代以打魚為業。」[32] 在洪氏家族的調查中，族譜與口訪的資料有助於認識這個大家族。

最後，他們到了開澎進士蔡廷蘭故居，他們看到了「流寓臺灣的名畫家呂世宜，即以此兩語題蔡廷蘭的畫像，此一幅畫劍隨身的蔡廷蘭進士的繪像，現保存於馬公鎮保安街黃氏家中，蔡進士的生前佩劍也存於其故鄉雙頭跨的蔡姓族人中，」連景初簡述了蔡廷蘭的一生，其中包括漂流到越南的新奇歷程。連景初一行人，訪蔡廷蘭舊宅時，宅中尚懸有「鄉國善士」匾一方，係當年澎湖旱災時，蔡廷蘭勸捐撫卹有功，澎湖分府所頒贈的，蔡廷蘭的舊宅右邊係「進士第」，房屋建築大小與舊宅一般，雖大門係石匾，但規模不大，蔡姓在雙頭跨的宗祠，祠內奉祀歷代祖宗神主，但沒匾聯點綴，「使人覺得蔡進士逝世且不過百年，但已經是門衰祚薄，如今嗅不到一絲書香的氣息。蔡廷蘭昔年曾主講臺南之引心、崇文兩書院，對臺南文化，頗多貢獻。」[33] 相關的書畫、匾、佩劍等文物等，都是他們記錄的

---

32 連景初，〈紅羅罩的洪姓氏族〉，《臺南文化》(臺南) 9：1 (1969 年 3 月)，頁73-75。

33 連景初，〈開澎進士蔡廷蘭〉，《臺南文化》(臺南) 9：1 (1969 年 3 月)，頁75-76。

重點。石暘睢一定知道蔡廷蘭，而且應該感到熟悉，因為他的
祖先石時榮的「石芝圃八十壽序」，領銜祝壽者就是蔡廷蘭。

　　莊松林對臺南扶輪社報告調查行程時，指出：「黃天橫在
馬公拍攝開澎進士蔡廷蘭之畫像，畫像有呂西邨所題『風塵萬
里客，天地一詩人』詩句及小字，蔡進士生前畫像十三幅，現
僅存兩幅，⋯⋯」黃天橫也觀察「當他們到了蔡進士第，尚見
桌上有一顆印章是生前他做官用過的，但已衰弱的子孫任人觀
玩，似乎不加保惜，照這樣再過幾年之後，這顆印章亦必散失
無餘了（恐怕已經喪失），」而在瓦硐的張百萬家族的誥封金
字木匾，是清世宗時制敕的，為澎湖僅見之誥封，「這塊長丈
餘之實物已有長裂痕，經常放置於幽暗的房內，余表示願出資
代為修理，他們固辭，已認識是有價值之物，稍有珍重之色，
以後不輕易出示於人。」他們依著在臺南的經驗，提出「蔡進
士之畫像或張百萬誥封之木匾，若任私人或其子孫保管，後來
恐會完全漫滅了，依愚見，這些物件不可視為張蔡兩家之私物，
當看做是澎湖縣政府之國有物，政府出來接收保管，妥為保藏
才是。」[34]

　　石暘睢等一行 8 人的 4 天調查行，是帶著在臺南累積的豐
富經驗而到澎湖，調查的方法與關注的對象，很類似在臺南的

---

34 許益超，〈澎湖歷史風物的探討〉，《臺灣風物》（臺北）21：2（1971年5月），頁
　　30–31。文章中還寫有一段張百萬圖書被借走之事，許益超提出與一行人有關
　　的說法，但未能證實。

行動，關心文獻、口傳、文物等不同素材，也對於空間地理詳加實測，每個人的任務也都有分工，至少黃天橫持續扮演攝影的工作，而連景初則負責報導。懷抱著歷史文物與文化資產觀念的他們，對於文物有可能滅失的危機，也發出了警訊，如同他們在臺南經常將文物送入臺南市歷史館典藏的經驗，提出應把這些珍貴的文物視為國有物，歸入澎湖縣政府所有，以利妥善保存。

二、吳新榮與陳春木的博物館之夢

1. 吳新榮的鄉土館之夢

戰後初期，石暘睢服務的臺南市歷史館，為臺南地區較有規模的博物館，但這種以文史採集並將之經由展示進行公眾推廣的社教場域，其實還有善化與左鎮等地的小型鄉土館或歷史館等。而在臺南縣的吳新榮，也一定看見了臺南市歷史館的規模，包括石暘睢與臺南市文史協會的同好在內，也都是吳新榮交誼數十年的朋友。因此，吳新榮的日記中，就看見了他對於經由鄉土館實踐夢想之擘劃。

如同吳新榮帶施博爾等國外學者到隆田看出土的巴圖（石劍）時，是由林旺里長嚮導先至東角里李天賀家才得以見到，他認為這「是我所看之中最大又最美之尤物，真正是麻豆社的寶物，應該保存的公共場所如代天府。」[35] 吳新榮跟石暘睢有次

35　吳新榮，《吳新榮日記全集 1962–1967》，頁 248–250。

到六甲時，石暘睢看到一個明代的龍泉香爐，因此跟吳新榮說「地方的廟宇有明代的香爐很少，這樣寶貴的東西，最好設一個資料室來收藏。」[36] 與石暘睢交往密切的吳新榮，更不可能不知道位在赤崁樓的臺南市歷史館，是如何讓調查採集的成果，跟廣大公眾分享，於是吳新榮也有自己的鄉土館之夢。

1964 年春天，石暘睢先生過世不久，4 月 27 日，吳新榮在日記中，用略顯激動的語氣，寫下「此次的勝利就是我個人在此地方的勝利，也是於我一生高潮之一。」這場勝利是第五屆臺南縣長選舉的選戰，吳新榮支持的候選人劉博文贏得選戰，吳新榮為劉博文負責佳里的選務，劉博文後來囊獲大北門區百分之九十的選票，吳新榮當然高興。那晚，他跟幾個好友，即時就開了慶功宴。[37]

吳新榮在日記中，接著寫下「為什麼劉博文競選縣長的勝利與我個人有關係？就是我自任為文化人，所以在其任內期待能達成我的文化事業。……我計畫在佳里鎮建設一座的鄉土文化館……」。事實上，開票前幾日，吳新榮對自己為何捲入選舉的原因做了說明，其中第三點指出「我是個文化工作者，為展開我的文化事業，需要在地方建設一個文化的溫床，以期達成我的文化理想。」[38]

---

36 吳新榮，〈民國41年12月6日（曾文區）〉，頁11–15。

37 吳新榮，《吳新榮日記全集 1962–1967》，頁193–197。

38 吳新榮，《吳新榮日記全集 1962–1967》，頁191–197。

　　此時的吳新榮已完成了《臺南縣志初稿》的編纂，《南瀛文獻》的出刊也算是步上軌道，他甚至還辦過鄉土文獻的展覽會，這些活動都是以他長年進行的田野調查為基礎轉化而成。吳新榮所鍾情的文史調查事業，一直有個重要的夥伴，那便是催生臺南市歷史館的石暘睢。

　　吳新榮經常與石先生交往，也常出入臺南市歷史館，對於這些將各地採集的物件，放在一個特定脈絡下展示，並不陌生。吳新榮甚至在 1935 年北上參觀始政四十年博覽會時，就曾前往板橋林家參觀鄉土館展覽。板橋林家的鄉土館，可說是始政四十年博覽會的一部分，陳列了海山郡的特產、歷史文獻、文物與林家收藏，展期大約 50 天，吸引了十幾萬人參觀。不止是吳新榮，林獻堂也曾到場參觀，而石暘睢的收藏中，也還有一張板橋鄉土館的出品清單。

　　1950 年代，吳新榮日記中，曾寫著到了善化、左鎮等地，走訪鄉土館，參觀兩地採集或者出土的文物，這也說明了文史調查活動的成果，跟基於個人興趣成就自我收藏的目的不太一樣。出版文獻刊物、成立博物館，都是一項將文化事業公共化的途徑。[39]

　　1964 年的吳新榮，之所以為選舉勝利而開心，那是因為他所期待的鄉土館有了實踐的可能。當天日記還寫著「第一、我計畫在佳里鎮建設一座的鄉土文化館。」而對「鄉土文化館的

39　吳新榮，《吳新榮日記全集 1955–1961》，頁 94、110。

藍圖：一、建築物一百萬。二、設備五十萬。三、基金五十萬。四、部門：1. 鄉土部 a. 出土品 b. 古董。2. 圖書部 a. 寄贈 b. 購買。3. 娛樂部 a. 花木門 b. 圍棋門 c. 釣魚門 d. 運動門 e. 書法門 f. 音樂門 g. 漢詩門 h. 拍照門。4. 育英部。」並且計畫區分級別向吳三連、吳尊賢、吳修齊、王金長等人募款，同時安排 12 位籌備委員，並試提文獻委員會改組藍圖。[40] 詳情如下表 3-1。

　　吳新榮對於鄉土館的營造，給了一個具體的籌建架構，從議題的架構、經費的需求乃至於籌備委員會，甚至文獻委員會改組的想法，都提出了很具體的規劃，這必然是他思考許久的結果。

　　1965 年 8 月 15 日，吳新榮對於鄉土館的籌建持續期待，有次去參加南一歌謠音樂研究會的開幕典禮，讓他覺得「鄉土藝術也有其主要的地位；又鄉土藝術部門內，民謠也有重要的地位。我甚喜有這樣研究會的開幕，同時夢想鄉土文化館能在此餘生實現。」[41] 同年 9 月 27 日，吳新榮趕往臺南到延平郡王祠參加臺灣省文獻工作人員研討會。「在會議中我曾溜出會場，參觀延平郡王祠改修後的情形。我看另築一棟『民族文化館』，才想到我曾計畫『鄉土文化館』何時可實現。」[42]

　　1950 年代，吳新榮在眾多文史同好的協助下，完成了古碑

40　吳新榮，《吳新榮日記全集 1962–1967》，頁 193–197。
41　吳新榮，《吳新榮日記全集 1962–1967》，頁 281。
42　吳新榮，《吳新榮日記全集 1962–1967》，頁 288。

表 3-1　吳新榮規劃鄉土館構想表

捐募者姓名			
吳三連（A）	吳尊賢（A）	吳修齊（A）	王金長（B）
龔聯禎（A）	陳清曉（A）	侯雨利（A）	徐千田（A）
陳華宗（C）	黃光平（C）	劉博文（C）	高文瑞（D）
陳武章〔璋〕C）	楊昭碧（C）	華洲（B）	大新（B）
黃清舞（D）	李順德（D）	黃　圖（D）	林高會（D）

A 級 7 人，每人 10 萬。B 級三人，每人 8 萬。C 級 5 人，每人 5 萬。D 級 5 人，每人 3 萬

籌備委員
1. 劉博文、2. 魏順安、3. 黃清舞、4. 王金河、5. 黃圖、6. 陳清汗、7. 吳榮宗、8. 莊維藩、9. 林金莖、10. 李六、11. 吳新榮、12. 徐清吉

文獻委員會之改組藍圖

主任委員	縣長　劉博文	副主任委員	議長　沈水德
副主任委員兼編纂組長	吳新榮	委員	主任秘書
委員	教育科長	委員	民政局長　王兆百
委員	財政科長	委員兼總務組長	洪波浪
委員	醫師公會理事長　沈乃霖	委員	軍人之友社幹事　沈耀初
委員	醫師　洪調水	委員	省議員　梁許春菊
委員	省議員　李雅樵	顧問	胡丙申
顧問	高文瑞	顧問	胡龍寶
顧問	陳華宗	顧問	楊慶祥
顧問	黃清舞		

調查，從其陣營所留下的採訪錄中，更可見對於各種鄉土史文物、文獻與典故的掌握，也完成了《臺南縣志稿》的編輯。更何況他經常到臺南市歷史館參訪，對於博物館應有一定程度的了解，因此，對於籌建鄉土館想必有著一定的把握。只是這座鄉土館始終沒有完成，吳新榮就在 1967 年 3 月 27 日過世。

吳新榮過世後，連景初是這樣描述吳新榮對於臺南文史工作的貢獻，「臺南縣市這方面常是分工與合作，不但私人間多所接觸，工作上亦聯繫密切，聲氣相通，沒有視獨得的資料如秘方與爭權威的陋習，也不互相標榜，只是在志趣上彼此契合而已。」、「而且他憑他的關係，於各鄉鎮都沒有採集員，幫忙史料的發掘，這在他縣市是不易做到，他對地方文獻的貢獻也便功不可沒。」他的離開讓盧嘉興、莊松林與黃天橫也沉於悼念中。[43] 吳新榮的鄉土館之夢，其中對於鄉土的熱情與認同存乎其中，是他在完成古碑調查、《南瀛文化》、縣志稿等出版後的另一個夢想，鄉土館的夢想應有著對於石暘睢在臺南市歷史館工作經驗的參照，並且有著如何將豐富的文史資源分享給縣民的心，也體現了戰後初期臺灣文史社群，對於鄉土知識與文史收藏的成果，追求成為公眾資產的價值觀。

2. 陳春木與左鎮歷史館

相較於吳新榮籌謀鄉土館未果，左鎮的陳春木則在日治時期開始，在菜寮溪採集化石，並在戰後初期的左鎮成立歷史館，

43〈悼新榮先生〉，《自立晚報》，1967年3月30日，版2。

分享他所採集的化石與平埔原住民文物，今日位於左鎮菜寮嶄新的「臺南左鎮化石園區」，最初的起源就跟陳春木有關。石暘睢、吳新榮等大臺南地區採集社群，曾經造訪陳春木，關於左鎮化石館的當年狀況，連景初也曾做過報導，透過這些資料我們得以了解陳春木的行動，以及這些文史前輩們，在一甲子之前，採集標的雖然不同，但收藏與展示的方法卻一致，那就是在保留與公開之間，留下這些被他們認為珍貴的歷史文化遺產。

　　陳春木公學校畢業後，任職為保甲書記，1931 年左鎮公學校瀨戶口校長介紹臺北帝大教授早坂一郎博士和學生林朝棨等來訪，他們因為要調查臺南地區地層，而來到曾文溪支流菜寮溪上游溪床調查。那時就由陳春木當嚮導，以便實地勘察。早坂因此鼓勵陳春木更積極採集化石，無論什麼化石皆可撿拾，然後提交瀨戶口校長，轉送臺北帝大鑑定，陳春木因此對於化石有了初步的認識，也知道化石是古生物埋藏地下化為石質之稱。[44]

　　當時的陳春木就利用下班後挑水時，在溪底尋找化石，每次都發現二、三塊之多，收集一起，按月一次或兩次送交瀨戶口校長轉送臺大，前後七、八次之多，1932 年暑期，臺北帝大副教授丹桂之助與新化農專學校訓導國分廉二等，前來採集化

---

44 鍾廣吉、何耀坤、謝米亮，《菜寮溪化石研究專輯》（臺南：臺南縣立文化中心，1991），頁 9–11。

圖 3-11 陳春木,〈最早之寫真,時年二十二歲〉。
資料出處:臺南左鎮化石園區(https://fossil.tnc.gov.tw/natural/index-1.php?m2=32&sid=3&id=184),最後造訪:2021年7月9日。

石,也請陳春木協助。丹桂之助教授說「我所寄出的那批化石,經過鑑定的結果,有古象、犀牛、野牛、鹿、海豚、鮫魚、貝類等,使臺大研究資料更充實一番。並說歷年來臺灣各地曾發現哺乳類及脊椎動物的化石,尤其左鎮鄉菜寮溪被視為豐富化石的出土地。」另外,陳春木因為國分直一前來調查平埔原住民的文化,尤其是祀壺信仰,陳春木得以跟他一同採訪,戰後,「我跟鮑克蘭女士到過甲仙、小林、社頭等地採訪,更讓我進一步瞭解到平埔研究的重要,我也因而開始蒐集平埔族的古契書以及平埔文物。」[45] 日治時期,陳春木也曾將採集的化石,贈送給總督府博物館及臺南博物館研究與陳列。[46]

　　戰後初期,陳春木的化石採集中斷一段時間,因為他當時

---

45 陳春木,《臺南地方鄉土誌》(臺北:常民文化事業股份有限公司,1998),頁156–157。

46〈菜寮溪中化石遍布 百萬年前麋鹿悠遊〉,《中華日報》,時間、版次不詳。

離開鄉公所，擔任警察，直到 1952 年陳春木轉調回左鎮擔任戶
籍課長，臺南縣文獻委員會也於當年成立，「文獻會主任吳新
榮先生，有鑑於菜寮溪化石採集不能中斷，乃聘請我擔任左鎮
鄉採集站員，受吳主任委員的鼓勵，再度喚起對化石採集的興
趣。每逢星期假日，依舊背著背包，拿著鐵鍬，往深山溪谷尋
找，這段時間收穫頗為可觀。」[47] 陳春木的化石採集又在 1950
年代開始。

　　經由吳新榮的資料，可以了解左鎮考古，以及陳春木已經
成立了歷史館，並且與學界人士持續交流。1956 年吳新榮帶楊
雲萍到左鎮「我們看鄉土館，聽八音樂團，又到菜寮溪化石區，
那拔林平埔遺跡。」[48] 同年根據黃天橫先生的相簿也得知 7 月 7
日，石暘睢等臺南市文獻委員拜訪左鎮歷史館。吳新榮與江家
錦也赴陳春木公子喜筵時觀賞陳春木新發現的石莖。[49]1958 年
12 月，陳春木也參與協助臺南縣市文物展覽會的工作。[50]

　　根據報載，陳春木退休前於「左鎮鄉公所服務時，曾在鄉
公所中佈置了一間小型博物館。將他採集的化石、石器、古化
服裝、先民飾物等陳列一室，以供各界人士參觀，如今鄉公所
中的小型博物館已結束……」那時已經退休的他，在他家「屋
旁陳列了百餘件他所採集的化石和石器準備供我們參觀。……

47 葉春榮，《陳春木紀念文集》(臺南：臺南縣政府，2005)，頁 36。
48 吳新榮，《吳新榮日記全集 1955–1961》，頁 109–110。
49 吳新榮，《吳新榮日記全集 1955–1961》，頁 153–154。
50 吳新榮，《吳新榮日記全集 1955–1961》，頁 244。

圖 3-12　1956 年 7 月 7 日，臺南市文獻委員拜訪左鎮歷史館，於左鎮鄉公所前紀念合影。左起陳春木、石暘睢、連景初、賴建銘、江家錦、劉金愛（時任左鎮鄉代表）、穆玉山（時任左鎮鄉長）、劉臺南醫院長及林廣播電臺長。資料出處：黃隆正先生

圖 3-13　左鎮鄉公所內的歷史館門牌
資料出處：黃隆正先生

保持了左鎮以出土化石馳名的這一特點，而陳先生的家中可說
是一名符其實的『化石之家』」。[51]這段報導說明了陳春木退休
前，1950年代左鎮曾經有一歷史館，除了化石的陳列之外，也
有平埔原住民的相關文物。

　　其中，陳春木說「左鎮鄉村間還流傳著較原始的音樂，稱
為八音，是於嗩吶（又稱達仔）、提絃、和絃、三絃、笛、鉦、
鈸仔及小鼓等八樣樂器所組成。聽來有些單調，但在寂靜的山
村裡，八音鳴奏，更令人感覺到如泣如訴，現在鄉內平埔族後
裔還保存一隊的八音。」[52]每當結婚喜慶，都會吹奏八音。臺南
市文獻委員會曾至左鎮鄉公所，聽八音古樂的演奏。中廣臺南
臺也曾去錄音。[53]據悉此處所指文獻會曾至左鎮聽八音，應該就
是1956年文獻會訪問左鎮。連景初後來寫作〈八音齊鳴〉報導
中，指出「八音是由嗩吶（稱達仔）、提絃、和絃、三絃、笛、
鉦、鈸及小鼓等八樣樂器所組成，不同於十三音，也異於南管，
雖八音在演奏時音階較少變化，聽來有些單調，但在寂寞的山
村裡，偶爾傳來一陣激越的曲調，也會贏得人們的神往，甚至
淒然垂淚。」連景初說他們可以八音演奏基督教的聖詩，而它
們造訪時，擅於八音的「買明和等八人，舉行一次演奏，共奏
了：國泰歌、冬花串、秋串、甘二錦、百家春、雷登臺等六支曲，

51　〈化石之家 琳瑯滿目〉，《中華日報》，時間、版次不詳。

52　陳春木，《臺南地方鄉土誌》，頁145–146。

53　〈左鎮─史前的寶庫〉，《中華日報》，1966年8月29日，版次不詳。

吹奏時以嗩吶（達仔）的音調最為鏗鏘，聲震屋宇。」[54]

　　一生在左鎮為採集化石與保留平埔文物的陳春木，在 1964 年退休。退休那年「由於我從事化石採擷和研究，受到日本化石界肯定，因此日本國立科學博物館來函邀請我到日本參觀交流，所有費用全由日方負責，為了這件事著實讓我興奮好多天。」不料，準備辦理出國手續時，最後竟然被教育部打了回票，理由是「學歷不足」。為此陳春木感到很失望，連國外學者都肯定陳春木的成就，竟被國內單位給反駁了。日後陳春木回想起這件事，認為「真是豈有此理，對此事到現在我仍耿耿於懷，所有原始資料我保存好好，一有機會定要問個明白。」[55]

　　退休後的陳春木依舊忙碌於協助各地的挖掘採集與博物館籌建。1968 年，陳春木協助了玉井竹圍橋遺址的挖掘，出土了紅黑陶破瓷殘瓦石刀等物件。[56]1969 年，累積三十餘年的採集經驗，收藏包括動物化石（象、鹿、犀牛、野牛、鱷魚、鯨魚、海膽、鮫魚）等齒或骨，及史前文化的石器（石刀、石釜、石鏃）和陶片，共一千餘件，有一部分捐贈給高雄醫學院、中等學校做研究標本外，還有五百餘件，最後都捐給了臺灣省立博物館（今國立臺灣博物館）。[57]

---

54 京衣（連景初），〈八音齊名〉，《中華日報》，1956 年 7 月 24 日，版次不詳。

55 葉春榮，《陳春木紀念文集》，頁 38。

56 〈玉井鄉竹圍橋北端　發現先民遺跡〉，《中華日報》，1968 年 8 月 22 日，版次不詳。

57 〈陳春木珍藏化石　將捐贈省博物館〉，《中華日報》，1969 年 10 月 22 日，版次不詳。

圖 3-14　平埔族八音樂器演奏與八音樂器
資料出處：黃隆正先生

　　退休後的陳春木也協助了臺南地區博物館的發展，1975 年
10 月臺南市政府舉辦觀光年活動，在延平郡王祠開設「臺灣與
大陸血緣、地緣關係資料及化石展覽」，市長張麗堂請陳春木
協助，希望找出二、三百件化石供臺南市收藏與展覽。「並聘
請我在文物館的史前資料館（以化石、石器為主）擔負管理員
之職，每月薪水三千元，還好當年是住在女婿家中，花費少。
為了我的興趣，也為了鼓勵更多的人士對化石產生興趣，我不
在乎薪水的多寡。三年後，左鎮化石館籌備興工，我毫不猶
豫地辭掉臺南市的工作，返鄉投入籌備工作。」[58] 這段歷程是
1978 年，左鎮化石館從光榮國小開闢「鄉土文物室」，後來經

58 葉春榮，《陳春木紀念文集》，頁 38。

省主席林洋港、臺南縣長楊寶發重視，完成「化石陳列館」之興建並正式啟用，也就是後來的「菜寮化石館」。

　　四十年餘來的左鎮化石館成長的軌跡，都有陳春木的身影，要不「義不容辭地接下看館的工作，一個人兼管內外，從掃地、擦玻璃到導覽，樣樣自己來。」或者「春木仔伯是編制外的臨時雇員，一天領兩百八十四塊新臺幣薪資，還是付出數十年來同等的熱忱。」那一年，陳春木無法到日本參訪的遺憾，後來有機會到日本觀光時，「一些曾經為論文而走訪菜寮溪的日籍學者到旅館看他」。一輩子都生長在菜寮溪畔的陳春木，被問起還有什麼願望，「總是『老人工』，加減做啦。目前家內只有老伴和我了，生活簡單，賺錢夠用。如果說有什麼願望，是能夠永遠看到靜靜的菜寮溪，溪水慢慢流……」[59]

第三節　石暘睢文化資產的再公共化

一、後人的捐贈——成為公共資產的石家文物

1. 捐贈給博物館的石家文物

　　石暘睢雖然已經過世一甲子，他在世前，把收藏的資料都轉移給了他的同好黃天橫，但是他的後人們，依舊保存了跟石家有關的文物。這些文化資產多半跟石家的家族歷史直接有關。

59〈臺灣素顏 從化石守護神春木伯談起〉，《聯合報》，1990年7月26日，版17。

石家的文物應該是 1964 年石暘睢過世後，就由石允忠負責保
管。

　　這些物件在此後曾數度借展，借出者應該就是石允忠，例
如：1971 年巡迴臺南、臺北與臺中的中國地方文獻展，是由許
丙丁、莊松林、江家錦、黃天橫、連景初、賴建銘、楊文富、
盧嘉興、黃典權等人，自動集中多年收藏的珍品送展。其中，
展出文物中「以謝穎蘇所書的『石芝圃八十壽序』最為珍貴，
可說是臺灣省寶。」石芝圃即是石暘睢的祖先、石鼎美家業的
奠基者石時榮，報導稱「這篇序是工楷，一氣呵成，毫無竄敗」、
「若以金錢衡之，雖千萬元恐怕珍藏此序的石允忠未必肯出
讓。」[60]1977 年 4 月，臺南市政府主辦，展覽地點位在省立社
會教育館的「紀念總統 蔣公逝世兩週年歷史文物展覽」中，石
允忠提供了石義卿像、石時榮像、石耀宗像、石陳宜人像、石
朝沃像、石朝沃夫人像等六張祖先畫。[61] 因此，即使是石暘睢已
將收藏轉給黃天橫，但石家祖先畫仍深具藝術文化價值，因此
在 1970 年代數度被借展，成為了在展覽等公共領域中被流通的
歷史文化資產。

　　曾經借出展覽的石家幾幅祖先畫，後來在 2001 年捐給了臺
南市政府。石允忠希望「畫像留在府城心意頗堅，就算有民間
人士正積極為高美館和中美館典藏穿針引線，依然不為所動，

---

60 〈文獻展覽引人入勝〉，《報刊不詳》，1971 年 4 月 18 日，版次不詳。
61 《紀念總統 蔣公逝世兩週年歷史文物展覽目錄》，頁 24–25。

雖然如此他本人還是希望市府能早日與其洽談典藏事宜。」其
中最受人矚目的就是石時榮的畫像，石允忠清楚表示，「該幅
壽像是石家開臺先祖石時榮八十大壽時，由當時知府洪毓琛領
銜，率全臺名流蔡廷蘭、王朝綸、林國華、施瓊芳等八十三人
所贈畫像。」據報載這些文物保存良好，其中有部分曾在 1995
年重新裱褙，就連收藏畫軸木匣亦年代久遠。過程中，臺南市
政府一度認為「典藏條件較差，只有臺南藝術中心典藏室，其
他古蹟區現況，則無法勝任。臺南市現有原本期望的民族文物
館，目前苦於第二期修復經費無著落，欲開館恐遙遙無期，更
遑論欲典藏陳列文物。」[62] 而有些波折，但臺南市政府隨即克服
難關，感謝石允忠的捐贈。保管這些石家畫像幾十年的石允忠
表示：

　　父親石暘睢認為所有兒子當中，只有從事沖洗黑白照片的
他最適合保存這些畫像，於是直接傳給排行老二的他收藏。他
果然不負父親的交託，每年會有兩次例行的防蟲處理手續，仔
細檢視畫像是否有損傷，現在除了有兩幅重新裱褙，稍見裂痕
或褪色，但整體上仍保持相當完整。[63]

　　具有豐富博物館經驗的石暘睢，在將石家文物留給後代

62 〈石鼎美百年畫像 願贈市府典藏〉，《中華日報》，2001年5月5日，版23。
63 〈石鼎美百年畫像 市府接受典藏〉，《中華日報》，2001年5月11日，版23。

時，顯然也很清楚必須託付給誰，從他的收藏到家傳祖先畫，石暘睢都在深思熟慮下，給了最適合的人，而石允忠果然細心得照顧了這些畫。2001 年，已經年屆七十歲的石允忠，在必須把這些歷史文物傳承的考慮下，決定把畫留在臺南。

正當此事又過十餘年後，就在眾人以為石家文物已經盡委公家收藏了，沒想到石允忠又將數件文物捐給國立臺灣歷史博物館。

在捐給臺史博的文物中，包括《石氏祠墳考》及其木盒。《石氏祠墳考》所載內容具有族譜的性質，而「傳統漢人族譜便常強調祖先墳墓風水的相關記載，並將墓園周圍環境、風水穴位鉅細靡遺的描繪出來。且除了祖先墳墓位置，也有關於祖墳、宗祠的訴訟紛爭，也常常收錄一些訴訟狀式、判語等。此〈石氏祠墳考〉便在祖墳圖旁註記有墳地遭混耕侵佔，或是因墓地遭侵佔引致訴訟，最後由知縣判還等字眼。」[64] 木盒上有石暘睢題字，中書「百世流芳」四大字，二旁則書「祖功宗德由此報，水源木本在簡中」，並註記「戊子中秋節前，裔孫陽睢謹題」等字，可知此木盒應為民國 37 年（1948）時所製。[65]

另外，則有《鄉試硃卷》、《鄉試錄》兩件，內容為道光23 年（1843）石鼎美家族開基始祖石時榮之子石耀宗癸卯科福

---

64 〈石氏祠墳考（石鼎美家族）及木盒〉，國立臺灣歷史博物館典藏，典藏號：2013.004.0001。

65 〈石氏祠墳考木盒〉，國立臺灣歷史博物館典藏，典藏號 2013.004.0001.0001。

建省鄉試的登科舉人名錄與試卷謄寫本。石耀宗於道光 23 年
（1843）赴福建省城福州應考中舉，為當年福建省鄉試 89 名舉
人中的第六十五名。當時官方按例均會將鄉試登科名錄編印成
《鄉試錄》。《鄉試錄》內記載科舉試卷的文本、中舉者資料，
以及相關聖旨、奏疏、執事官的基本資訊，為最直接的科舉文
獻之一。[66] 而中舉後石家所刊印的《鄉試硃卷》，內容為試卷彌
封後，為避免字跡洩漏身分因此由謄錄人員用硃筆重新謄寫的
試卷。中舉後通常會將履歷、科份、試卷刻印分送，內容還包
括考生文章、中式名次、主考官姓名官階與批語等內容。[67]

　　石允忠捐出的《石氏祠墳考》、《鄉試硃卷》與《鄉試錄》
等同於是過去石家輝煌歷史中，很重要的象徵物，至此石家文
物保留在石允忠手上的文物都已捐出，這些文物在石暘睢與石
允忠兩代保護下，不藏私地捐贈出來，成為了博物館物件，提
供了後人認識石家歷史的重要憑藉。

2. 後人的修護：石家文物生命的再延續

　　話說前述石家的祖先畫捐給了臺南市政府之後，經過十餘
年，對於文物保存有重要幫助的文物保護工作，是讓文物延續
生命的重要技術，這件事最後也是由石家後人潘思源來接手。

　　2014 年，臺南市政府舉辦「古都行郊的故事─鄭成功文
物館典藏特展」，這時的鄭成功文物館（今臺南市立博物館）

---

66 〈福建鄉試錄〉，國立臺灣歷史博物館典藏，典藏號 2013.004.0003。
67 〈鄉試硃卷（石耀宗）〉，國立臺灣歷史博物館典藏，典藏號 2013.004.0002。

才剛進行完文物全面盤點清查作業，結果共有四千多件文物，特展的主題聚焦在臺南府城早期的商業關係及五條港的歷史脈絡，其中郊商家族單元，聚焦在清代臺灣府城最著名的商人石時榮家族的故事。石家後代姻親子孫、泛太平洋集團總裁及晶華酒店創辦人潘思源，出席參加開幕儀式。而在此前，他獲悉祖先畫的畫紙泛黃有若干污漬，而且顏料已陸續龜裂，因此潘思源貢獻經費，委託國立臺南藝術大學進行修復，這項展覽也是祖先畫修復後首度公開展出。[68]

　　負責修復的臺南藝術大學蔡斐文教授表示，這批祖先畫尚且因為收藏裱褙成卷軸樣式，因此畫面也有些不平整，出現橫向摺痕。因此整個修復過程，首先從作品的歷史背景調查到材料檢測，再經過文物攝影後擬定修護方針。然後，從表面除塵、淡化蛀洞上深褐色不明塗料並排除異物，之後顏料加固，去除裱料與清洗畫心，暫時加固畫心後，為畫心與詩堂分別進行小托與加托，移除畫心表面暫時性加固，最後在畫作背面進行補缺，然後考量畫面整體視覺進行全色處理，並且重新裝裱，修復完成之後的祖先畫，也不再捲成卷軸。[69]

　　潘思源是高雄拆船大王之後人，「生意遍及兩岸，身價超過百億元，也是古籍善本收藏家，」他在參加展覽開幕時，表

---

68 蔡文居，〈聚焦石時榮 重現古都行郊文化〉，自由時報（https://news.ltn.com.tw/news/local/paper/837327），查詢日期：2021年2月18日。

69 徐知誼，〈古都行郊的故事〉，《TO GO 泛遊情報》（臺北）1（2015年），頁114。

示能見到祖先畫像恢復原來模樣，心情很激動。潘思源說，「他
是石家的七代孫，對臺南充滿懷念，願協助臺南的文化保存工
作」，文化局表示，石頂美老宅已經年久失修，潘思源也有意
出資整修，但希望成立基金會永久經營，將與住在老宅的石家
後代協調，期待能讓老宅重現榮景，但仍需視現居古宅內的石
家後代意願而定。[70]

　　石鼎美的歷史，郊商的故事，石家的相關文物，經過石暘
睢的手傳承給兒子，再成為國家的公共化文化資產。然後，這
些祖先畫的修復，又是由石家姻親後人一手促成，橫跨近兩百
年的臺南歷史，每一個傳承，都有一個石家的子孫讓歷史可以
保留，臺南才能一直是古都。

二、臺南市歷史館的新生

　　最後，我們來讀一則小故事，1960 年，石暘睢退休之際，
正逢顯宮派與土城派對鄭成功登陸地點問題爭議時，也是臺南
市歷史館改為民族文物館之際，此後一段時間的文物館，如黃
天橫指出：

　　本館管理員聘任選舉功臣擔當之，缺乏保存文物的常識逢
歷將近百年的劉銘傳木質楹聯改刷時，楹聯下方用刀彫刻「民

---

70 修瑞瑩，〈潘思源出資 石鼎美古宅整修有望〉，《聯合報》，2014年12月8日，
　　版b01。

國××年重修」字句,〈現已埋漆不能看到此蹟了〉,試想以
一個管理員身分,公家為保存文物以公家費用修整文物時,竟
敢將自己之姓名刻留在文物上,這種大膽無智妄為愚蠢作法,
不但徒留給後人充笑柄而已。[71]

　　石暘睢的退休與離世,想必也帶來了不小的影響。就連日
治時期石暘睢等人一起努力收藏與建造而成的大南門碑林,「第
一碑林并為違建戶所佔住,使外來遊客對此大感失望,也使陪
往參觀的地主,不禁汗顏。」[72]專擅於文物收藏與展示、時任中
華學術院藝術研究所所長的施翠峰教授,曾在1970年參訪民族
文物館表示,「發覺櫥窗內的古物所做說明錯誤很多,且古物
的保存也很混亂,沒有分門別類,失去了真實的意義。」施翠
峰說曾去參觀的日本民藝館館長濱田隼治也曾批評陳列古物太
雜亂。施翠峰「站在櫥窗前面感嘆的說,這對於我國收藏古物
是一大諷刺,尤其中外人士每天前去參觀的絡繹不絕,如果有
關當局不從速改善,不但收藏古物的價值和意義受到影響,將
來留給下一代的錯誤應由誰來負責?」他進一步指出「二樓東
廂及西廂陳列室的古物都沒有分類。西廂陳列室的前清時代將
級武官臨陣時穿戴的鐵盔和鐵甲冑、冬季甲冑、蟒袍、文官服、

71　黃天橫,〈「臺南市民族文物館」簡介〉,頁138。
72　〈古蹟週圍 違建林立碑碣塵封、落寞景象 陪客參觀、不禁自慚〉,《自立晚報》,
　　1973年9月14日,版6。

禮服、外套百景群等等，很髒的掛在櫥窗內。」施翠峰指出這些衣物很重要很有收藏價值，但衣物「很紊亂的掛在櫥窗內，有的揉成一團，彷彿一件柔道衣。」他又對於石器、陶器、瓷器等，說明牌說明不清的狀況提出批評。他更具體指出賞銀牌、畫家林朝英的字體版模，不是缺乏說明，就是板模顛倒的放在櫥窗內。他並且指出展示上的問題，認為每一件展品必須詳加說明，標題或解釋務求正確，不可省略造成模糊不清。施翠峰說，民族文物館目前的狀況「將會鬧出很大的笑話，造成錯誤的歷史。」[73]

1970 年代的民族文物館，在專家眼中顯然已經是一座失序的博物館。這座博物館後來在 1997 年因館舍設備老舊，經過文建會補助而曾經重修。2003 年在許添財市長任內，改名為鄭成功文物館（今臺南市立博物館），「許添財昨天揭幕前表示，原民族文物館名稱太大，館藏格局小未免名不符實。鄭成功是世界級的歷史人物，不僅開發臺灣，和臺南關係密切，以鄭成功文物館展示相關文史資料更有意義。」[74]

2020 年以來，臺南正為熱蘭遮城築城四百年開啟一場歷史文化的紀念活動，這場活動有別於日治時期的臺灣文化三百年，以及戰後初期鄭成功光復臺灣三百年等活動。臺南四百年應該是一場對於歷史的反思，以及告訴我們如何邁向未來的城市文

---

73 〈收藏古物的一大諷刺〉，《聯合報》，1970 年 5 月 22 日，版次不詳。
74 〈鄭成功文物館開放〉，《聯合報》，2003 年 12 月 22 日，版 B2。

化革新運動，這也給了鄭成功文物館（今臺南市立博物館）重新定位的機會。

　　這座預計定名為臺南市立博物館的新博物館，2022 年正進行整修中，2023 年底將以全新的面貌重新開館。這段期間，各項籌備行動分頭開展，因鄭成功文物館為 1950 年代所建，建築深具特色而獲得文資身份，因此相關改建也一定在文資法的規範下，始能進行。而就各項展覽的規劃，更期待能由全新的議題，引領公眾認識與探索臺南的歷史與文化。進而回應石暘睢等前輩，從 1930 年代開始，著重於鄉土史立場的初衷。

　　但臺南市立博物館的重新開館，不僅包括軟體的構思，新價值的倡議，引導空間的重新定位，乃至各種博物館行動的開展。這其中，回應這座日治時期就已存在的博物館的過去脈絡，規劃博物館新核心理念的未來機能，應該是同等重要的思考。

　　併接著過去的傳統與未來的想像，當代博物館所期待的公共性精神，應該是帶領這座博物館開展新風貌的核心價值，也是博物館技術發展的重要指導原則。這意味著回顧臺南歷史與文化的史觀，或者博物館期待搭建的當代使用者關係，如何存有公眾甚或與公眾合作，應該是件重要的事。

　　這座收藏著豐富的清代臺灣文物的博物館，在日治時期與戰後初期的臺南市歷史館時期，博物館職能的拓展，就相當依賴民間有志者的協力合作，亦即許多文史工作者共同參與了博物館的研究典藏與展示工作。包括石暘睢、莊松林、盧嘉興、連景初、黃天橫等在地文史社群的調查，搶救了因為戰爭、都

市擴張等因素影響下的文化資產。類項完整的歷史文物，基本
上反映了臺南府城的多元性格，讓我們看見政治中心的格局，
也看到社會運作與人群關係的時態，更看見了不同的文化結晶。

　　1960 年代起，臺南市歷史館因為受到戰後張揚民族大義的
價值影響，館名改為民族文物館，後來在 21 世紀更名為鄭成功
文物館（今臺南市立博物館）。但其實先不論強調鄭成功可能
涉及的族群歷史正義的問題，光就收藏特色而言，這座博物館
名為鄭成功文物館，因為館內與鄭成功有關的文物實在寥寥可
數，名實之間並不相符，因此來年再開幕時，館名也必然反映
收藏的特色與新任務的定位。或稱歷史博物館，或為城市博物
館，就留待各種機制來促成各方共識。

　　當然，更重要的是實質上的博物館行動，如何能夠促進公
眾對於歷史的認識。這一年來，臺南市立博物館正在透過兩個
途徑，開展歷史公共化的可能。

　　其一，透過南博特調員的行動，與包括志工、高中生、大
學生等不同對象合作，經由課程的引導，議題的探索，共同完
成以微型展示箱為載體的策展行動。南博特調員的行動，是種
引導公眾協作、開放詮釋的歷史公共化的行動，我們甚至期待
博物館重新回到市民面前時，能有一檔展覽就是由市民共同參
與協作的成果。其二，透過客座策展人的方法，針對設定的題
目邀集臺南研究各領域的專家。換言之，讓歷史研究社群共同
參與博物館的策展行動。將博物館視為平臺，有助於我們豐富
對臺南歷史的認識。

　　除了引入不同公眾，共同參與豐富臺南文化的行動將持續之外，將來博物館的展覽，如何擘劃出對於歷史的新詮釋，甚至使博物館成為價值倡議的平臺，則有賴開館之後對於展覽方向的再釐清。

　　經由不同的專家諮詢，逐步釐清博物館展覽議題設定的策略，例如將來博物館的特展方向，關注以人為核心的豐富多元生活經驗，應該用「生活誌」的方向來概括。而關於臺南與周邊世界，甚至異文化相遇等面向的課題，或應以「觀世界」的議題來回應。又或者討論地方社會如何運作、人群如何互動的機制，可以用「地方史」來理解。最後，發生於臺南的各種當代議題、文化保存或文化創意行動，可能用「未來式」的系列展覽來定位。而如果有個「物體系」的構想，就可以有個系列來呈現臺南豐富的物質文化。最後，「臺南人」是誰？是不是一個以人核心，認識臺南的新途徑呢？這些不同的議題方向，輻射出的範圍，關心土地、人民、社會、世界與未來等面向，是個追求公共博物館定位的必要格局。

　　當然，重新開館後的臺南市立博物館，如何用常設展提出對於臺南文化與歷史的基本想法，是一件很重要而根本的工作。可以想見以縣市合併之後的新都格局，來回望歷史的視角應該會存在，善用豐富且獨一無二的藏品，更是展現博物館展示特色的重要素材，也無可忽略如何規劃能引起當代觀眾共鳴的設計手法。但最重要的，這些素材與方法的選擇，最終應該帶我們看到以人為中心而構成的社會，及其文化的特殊性，這才能

是個讓在地人認同、讓外來者認識的臺南故事。

　　臺南市立博物館的下一步，是思考如何有效促進公眾的參與，在繼承傳統與開展未來的目標中，持續探究成為公共博物館的可能。而這項行動，其實某種程度是在向石暘睢及其同時代的文史調查社群致敬，他們的行動以公共收藏與展示為目的。在那個時代，這是饒富意義的將私人賞玩文化賦予公眾性的意義。臺南的歷史是在他們手中變成公眾的，經由這些軟體與硬體並行的行動，歷史才能被保留，臺南的人文地景才能有清晰可見的歷史痕跡。臺南市立博物館是在符合 21 世紀的當代公共性，承接起臺南市歷史館的棒子，持續為臺南傳承文化與守護歷史。

小結

　　本章借由「文史調查的延續──行動轉進與精神傳承」的概念指出石暘睢及其同時代的文史社群，如何以臺南市文史協會為平臺，另結成一股民間的力量，將文史調查與研究的精神持續傳承。並且說明他們的行動，如何延續到其他地方，如臺南縣與澎湖縣等地。同時也指出在他們的人際網絡中，不管是吳新榮與陳春木，都用著類似臺南市歷史館的方法，企圖將私人文史收藏賦予一定程度的公共性。最後，很有意思的是，狹義或者廣義的石暘睢文化資產，有其生命史，石家的文物被石家後人捐贈給國家，並挹注資源修復，使其生命得以延長。而

那座石暘睢一輩子的職涯、傾注心力的臺南市歷史館，則將在不久的將來，呼應石暘睢等前輩的精神，以 21 世紀的博物館公共性精神，重以臺南市立博物館為名，持續開放。

結論

　　石暘睢及其同時代的文史調查事業之再評估，應是臺灣史學史、博物館史討論的重要課題。因為，近百年來的臺灣博物館發展歷史的學術討論，關注的核心課題，多半以國家機器如何透過博物館貫徹其文化政策為討論重點。例如，對於日治時期博物館發展的典型論述，可以臺灣博物館代表的殖民現代性為主。[1] 李威宜則以戰後的國立歷史博物館與故宮博物院為例，說明戰後臺灣博物館的去日本化與中國化的軌跡。[2] 在此階段，

1　陳其南，《臺博物語：臺博館早期臺灣殖民現代性記憶》（臺北：國立臺灣博物館，2010）。

2　李威宜，〈去殖民與冷戰初期臺灣博物館建制的國族想像（1945–1971）〉，收於王嵩山，《博物館、知識建構與現代性》（臺中：國立自然科學博物館，2005），頁367–390。

李威宜也提出地方博物館的發展，例如本文討論的臺南市歷史館 1960 年代改為臺南市民族文物館，在其展示中，開始將多元的地方歷史，化約為強調歷史起源於中國的詮釋，關注民族英雄的造神運動。[3] 這些討論的問題意識，關注了不同類型的博物館與國族想像間的關係，給予了解戰後臺灣博物館發展的重要提示。

　　晚近的本土論述中，指出臺灣史研究孕生於臺灣社會民主化與本土化的背景，藉此批判 1980 年代以前，政治社會因素對於臺灣研究的打擊。然而，不可否認，這樣的論述策略，既有為批判歷史尋找動力，而這樣的被壓迫歷程，又常提供了晚近 30 年臺灣文史研究存在的正當性基礎。然而，必須了解如此的論述策略，必然關注或者強調戰後去日本化與中國化的文化政策對於臺灣研究的影響，但穿梭於其中，如石暘睢及其同時代的文史工作者們，就顯然容易被遺忘。

　　以石暘睢為代表，石暘睢專職於戰前戰後的臺南市歷史館，所經手之材料除了文獻亦有更多的文物，調查之結果除了著述成文，更關注透過展覽的形式與社會溝通，故而以石暘睢為代表，藉由考察他及夥伴們所開展的文史調查活動，並嘗試將之放在臺灣博物館史論述的脈絡下理解。

3　李威宜，〈博物館想像的社會史：1960–1980 臺灣小型博物館製作者與展示物的視覺想像與歷史敘事〉，頁 59–96。

　　橫跨日治時期與戰後初期,如同石暘睢、莊松林、吳新榮、陳春木等臺南地區文史調查研究者的調查與展示活動,顯然受惠於日治時期與戰後初期的歷史學、考古學、古生物學與地質學等知識,例如接受金關丈夫、方豪等人在研究方法上的指導,但他們關心的對象,及其所立基的位置,自始至終都具有顯著的地方文化視野。

　　對此問題與博物館學領域的討論,李威宜的研究顯然最為可觀。李威宜早期的研究指出從 1945 到 1971 年期間,透過「日本殖民博物館的接收轉型」和「中國博物館的移入再生」等兩條博物館軌跡,探討國民政府如何透過博物館的空間體制建構國族的邊界、內涵,以及內部的國族階序與外部的國際認同,並透過文物召喚「被殖民的臺灣民眾」與「戰爭移入的流亡社群」。他並以臺東鄉土館的例子,說明其在戰後初期經歷了臺東民眾教育館、臺灣省立臺東圖書館,最後在 1949 年將民族學收藏轉給臺灣省立博物館。[4] 因此指出:

　　整體來說,陳儀政府對於日本殖民時代所建立的中小型博物館,凡是不涉及國族意識型態的博物館,依其功能被整合在各自的專業機構,而涉及國族意識型態的博物館,則逐漸瓦解

4　李威宜,〈去殖民與冷戰初期臺灣博物館建制的國族想像(1945–1971)〉,頁370。

或轉型朝向中國化的方向，地方博物館則因涉及地方想像與地方認同，逐步被收編轉為其他功能或被消極擱置。真正維持博物館功能機構而且繼續投入人力與經費的，只有臺灣總督府博物館這一所綜合博物館。[5]

　　在李威宜的研究中，從地方博物館的角度，以及聚焦在戰後初期脈絡中，更為細緻的分析。臺南市歷史館、石暘睢等人因此於其中浮現。李威宜指出這段時間，石暘睢及其同好的工作，讓殖民知識系譜在臺南市立歷史館再現，他們的成就對照於此後的發展，可稱為「曇花一現的地方蒐藏處置」。[6]石暘睢及其同好的行動，就是李威宜筆下的地方蒐藏的行動。

　　石氏推動的調查行動與被稱為歷史文物展等展示活動，企圖構建以臺南為主的地方歷史想像。如前文所述，石暘睢的調查行動與蒐藏對象，固然是因主觀的興趣因素所推動，但出於各種不同的客觀因素：皇民化運動、都市計畫、甚或文物買賣，促令造成文物的公共化危機而開展。這些因素直接或間接造成的結果，看見了一個以臺南為主的地方歷史構成，特別是戰後初期的十餘年間，這項工作的在地化途徑，使其所經歷的風景，

5　李威宜，〈去殖民與冷戰初期臺灣博物館建制的國族想像（1945–1971）〉，頁370。
6　李威宜，〈去殖民與冷戰初期臺灣博物館建制的國族想像（1945–1971）〉，頁51。

並非故國河山的視野，筆者也不認為可以殖民知識系譜的再現來定位。然而，恰好也是這條路，說明了戰後初期臺灣博物館發展歷程——在殖民現代性與大中國史觀之外。

附錄

附錄一：石暘睢著作表

出版時間	篇名	期刊名稱	卷數	期數
1931 年 6 月 1 日	行蹤	詩報		13
1941 年 7 月 17 日	臺南に於ける寺廟の調度品	民俗臺灣	1	1
1941 年 12 月 20 日	古都臺南の街名考	文藝臺灣	3	3
1942 年 3 月 5 日	臺南古碑記	民俗臺灣	2	3
1942 年 5 月 15 日	臺南の石敢當	民俗臺灣	2	5
1942 年 6 月 5 日	臺南古碑記補遺	民俗臺灣	2	6

出版時間	篇名	期刊名稱	卷數	期數
1943 年 1 月 5 日	家藏臺灣關係古文書目錄	民俗臺灣	3	1
1943 年 4 月	臺南大媽祖廟に就て	科學の臺灣	18	4
1943 年 4 月 5 日	臺南郊外塚地考	民俗臺灣	3	4
1944 年 3 月 1 日	臺南孔子廟禮樂器考	民俗臺灣	4	3
1945 年 1 月 1 日	安平を語る	民俗臺灣	5	1
1945 年未刊	帶孝	民俗臺灣	5	2
1946 年 仲秋月	重建朝興宮碑記稿	南瀛文獻	10	
1949 年 3 月 15 日	古都碑錄（一）	公論報「臺灣風土」		41
1949 年 4 月 11 日	古都碑錄（二）	公論報「臺灣風土」		45
1949 年 6 月 7 日	古都碑錄（三）	公論報「臺灣風土」		53
1949 年 孟秋月	重興關帝廳碑記稿	南瀛文獻	10	
1951 年 10 月 24 日	臺南市街小志	臺南文化	1	1
1951 年 12 月 1 日	臺南文廟的樂章	臺灣風物	1	1
1952 年 1 月 20 日	臺南延平王祠聯集	臺南文化	2	1
1952 年 2 月 1 日	臺南武廟的樂章	臺灣風物	2	2
1952 年 4 月 24 日	威震中外之劉璈	臺南文化	2	2

出版時間	篇名	期刊名稱	卷數	期數
1952 年 7 月 10 日	臺南文昌祠的樂章	臺灣風物	2	4
1952 年 9 月 24 日	臺南歌謠三首	臺南文化	2	3
1953 年 1 月 31 日	臺灣道署考	臺南文化	2	4
1953 年 3 月 15 日	明鄭營盤考	南瀛文獻	1	1
1953 年 6 月 30 日	臺灣明墓考	臺南文化	3	1
1953 年 9 月 20 日	蓬壺書院與沈受謙	南瀛文獻	1	2
1953 年 9 月 30 日	先師聖像流臺郡考	臺南文化	3	2
1953 年 9 月 30 日	先師聖像流臺郡考	臺南文化	3	2
1953 年 11 月 30 日	安平的碑匾聯	臺南文化	3	3
1953 年 12 月 30 日	清代旌表「孝友」毛士釗與其遺作	南瀛文獻	1	3.4
1954 年	臺灣的金石	現代國民基本叢書	43 刊	
1954 年 4 月 30 日	西區拾遺	臺南文化	3	4
1954 年 9 月 20 日	北區匾聯	臺南文化	4	1
1955 年 4 月 15 日	大天后宮的匾聯	臺南文化	4	3
1955 年 6 月	臺灣歷史人物印存	文史薈刊	第一輯	
1955 年 6 月 25 日	南縣古碑零拾（一）	南瀛文獻	2	3.4

出版時間	篇名	期刊名稱	卷數	期數
1955 年 12 月 25 日	南縣古碑零拾（二）	南瀛文獻	3	1.2
1956 年 2 月 29 日	孔子廟之區	臺南文化	5	1
1956 年 6 月 30 日	南縣古碑零拾（三）	南瀛文獻	3	3.4
1956 年 7 月 31 日	臺南市中東南三區區聯	臺南文化	5	2
1956 年 12 月 31 日	南縣古碑零拾（四）	南瀛文獻	4	上
1957 年 5 月 25 日	臺南縣古碑志	南瀛文獻		
1958 年 6 月 20 日	南縣古碑零拾補遺	南瀛文獻	4	下
1961 年 4 月 29 日	南明錢錄	臺灣風物	11	4
1962 年 9 月 25 日	潁之退耕錄	臺南文化	7	3
不詳	臺灣歲時記	臺灣時報	不詳	不詳

資料出處：莊松林，〈石暘睢先生遺作目錄〉，《南瀛文獻》（臺南）10（1965 年 6 月），頁 50-53。

附錄二：石暘睢年表 [1]

明治31年（1898年）

10月10日，先生生於臺南市城西頂南河街石鼎美祖宅。（先生高祖時榮公經營糖郊，行號名「鼎美」，事業發跡，致成巨富，樂善好施，救貧卹孤。後人稱為石鼎美）。

明治33年（1900年）

3歲。5月8日，父廷蕃公卒，年23歲，生男育女各一，先生為孤子，由母葉太夫人（竹巷口歲貢生葉發祥公之裔孫女）撫養成人。

明治40年（1907年）

10歲。入學於臺南第二公學校（即今立人國校之前身）一年級讀書。當時校舍假水仙宮廟內上課。

大正2年（1913年）

16歲。3月25日畢業第二公學校。4月1日再升入該校二年制高等科，攻讀實業科商業課程。時校舍已遷入今之立人國校校址上課。

大正4年（1915年）

18歲。3月28日，實業科畢業。承母命與曾烏李女士結婚。

1　年表原為賴建銘整理，刊登於《南瀛文獻》紀念石先生的專號，經筆者調整年代編寫與若干用語，不害其本意改編而成。參見賴建銘，〈石暘睢先生年表〉，《南瀛文獻》（臺南）10（1965年6月），頁47–49。

大正10年（1921年）

24歲。曾夫人卒，年24歲。遺三女。

大正11年（1922年）

25歲，再娶陳富治女士（為石暘睢外曾祖父泰階公之裔孫女）。後生男育女六名。

昭和5年（1930年）

33歲。臺南州、市主辦，臺灣總督府協辦之臺灣文化三百年紀念展覽會。被聘為籌備委員，協助史蹟、史料之搜羅。

昭和7年（1932年）

35歲。4月1日，臺南市史料館籌備告竣，館址設在安平。石暘睢為任該館臨時職員。

昭和10年（1935年）

38歲。臺灣總督府為紀念臺灣始政四十週年，舉辦臺灣博覽會。臺南市設臺灣歷史館，石暘睢被聘為委員。

昭和12年（1937年）

40歲。臺南市新建臺南市歷史館，石暘睢以「雇」的身分，擔任歷史館職員。

昭和19年（1944年）

47歲。臺南高等工業學校（今成功大學之前身）增設建築科，科主任千千岩助太郎教授聘請石暘睢為臺灣古代建築之顧問。

昭和20年（1945年）

48歲。7月8日，石暘睢的母親葉太夫人病逝。二次世界大戰末期，日本當局為維護歷史文物，將陳列在歷史館之臺灣史料文物，疏散部份於赤崁樓。8月15日，終戰。石暘睢即行接管臺南歷史館，並負責保管在赤崁樓之文物。10月25日，石暘睢被派任為臺南市立歷史館管理員。

民國35年（1946年）

49歲。臺南市立歷史館被盟機轟炸無法修復，遂以赤崁樓充為歷史館，於5月1日重新開幕，闢為二室陳列臺灣歷史文物。

民國36年（1947年）

50歲。由歷史館主辦，舉行民族英雄鄭成功史料展覽會。

民國37年（1948年）

51歲。中國國民黨臺南市黨部為紀念光復節舉辦臺南歷史文物展，石暘睢被聘協助搜集及整理、佈置會場。

民國39年（1950年）

53歲。5月，臺南市教育科組成臺南市史料編纂委員會，聘請先生為委員。後奉省府令改組為臺南市文獻委員會，仍聘為該會委員兼採訪組長。

民國40年（1951年）

54歲。8月27日，臺灣省政府頒發獎狀給與連續服務十年以上成績優異者，石暘睢在受獎之列。

民國41年（1952年）

55歲。12月6日，臺南縣文獻委員會成立，聘先生為該會顧問。

民國43年（1954年）

57歲。銓敘部頒發公務人員儲備登記證書，先生以普通行政人員薦任職試用。10月25日，舉行南嘉雲四縣市文獻委員會合辦之臺灣歷史文物展覽會。石暘睢主其事，莊松林、盧嘉興兩先生協助史料之採集、整理及佈置。10月10日，先生於歷史館之北畔建立第二碑林。11月，在臺南市師爺塚墓地發現曾振暘墓。

民國44年（1955年）

58歲。石暘睢建議南縣文獻會採訪、抄寫碑文。編纂組長吳新榮採納此議，組織五人小組（石暘睢、莊松林、江家錦、盧嘉興、吳新榮）負責踏查抄錄。臺南縣文獻會將調查所得之古碑輯成《臺南縣古碑志》，於1957年6月出版。

民國47年（1958年）

61歲。3月18日，臺南扶輪社資助澎湖來往之飛機費，組成臺南市文獻委員澎湖歷史文物考察團。先生為團長，莊松林、江家錦、黃天橫、連景初、盧嘉興諸先生，扶輪社秘書楊熾昌，攝影家王森林先生等為團員一行八人。6月29日，被選為臺南市文史協會理事。

民國48年（1959年）

62歲。原臺南高等工業學校建築科主任千千岩助太郎博士夫婦來臺，順道拜晤先生。

民國 49 年（1960 年）

63 歲。乃「民俗臺灣」主辦人金關丈夫博士夫婦來臺，順道來南，會晤先生暢敘契闊。

民國 50 年（1961 年）

64 歲。日本天理教大學教授中村孝志先生赴荷蘭調閱荷蘭檔案，歸國途次來臺，會晤先生於臺南。

10 月 1 日，奉准退休，先生服務歷史館之職，有 24 年之久。

民國 51 年（1962 年）

65 歲。先生退休後不久，顴骨生病，就治高雄醫學院及臺北臺大附屬醫院。

民國 52 年（1963 年）

66 歲。3 月 19 日，日本水產大學國分直一教授來南會晤先生，適先生在嘉義住院電療。

民國 53 年（1964 年）

67 歲。1 月 24 日，臺大教授方豪蒞南探病。3 月 3 日，病逝於赤崁樓下思無邪齋。

參考文獻
（依出版時間先後排序）

專書

臺灣文化三百年紀念會

1931 《臺灣史料集成》。臺南：臺灣文化三百年紀念會。

臺灣銀行經濟研究室

1963 《臺灣私法物權編》。臺北：臺灣銀行經濟研究室。

臺灣銀行經濟研究室

1964 《臺案彙錄辛集》。臺北：臺灣銀行經濟研究室。

盧家興

1965 《鹿耳門地理演變考》。臺北：臺灣商務印書館。

臺灣銀行經濟研究室

1966 《臺灣南部碑文集成》。臺北：臺灣銀行經濟研究室。

臺南縣文獻會

1980 《臺南縣志卷十：附錄》。臺南：臺南縣文獻委員會。

張良澤

1981 《吳新榮全集》。臺北：遠景出版事業有限公司。

林勇

1990 《臺灣城懷古續集》。臺南：臺南市文化基金會。

鍾廣吉、何耀坤、謝米亮

1991 《菜寮溪化石研究專輯》。臺南：臺南縣立文化中心。

陳春木

1998 《臺南地方鄉土誌》。臺北:常民文化事業股份有限公司。

戴文鋒

2000 《在地瑰寶—永康的民俗祭儀與文化資產》。臺南：永
　　　康市公所。

陳奮雄

2003 《臺南市文獻半世紀》。臺南：臺南市文獻委員會。

葉春榮

2005 《陳春木紀念文集》。臺南：臺南縣政府。

陳美蓉、何鳳嬌

2008 《固園黃家：黃天橫先生訪談錄》。臺北：國史館。

吳新榮

2008 《吳新榮日記全集6：1942》。臺南：國立臺灣文學館。

吳新榮

2008 《吳新榮日記全集10：1955-1961》。臺南：國立臺灣文學館。

吳新榮

2008 《吳新榮日記全集11：1962-1967》。臺南：國立臺灣文學館。

陳其南

2010 《臺博物語：臺博館早期臺灣殖民現代性記憶》。臺北：國立臺灣博物館。

鍾淑敏、詹素娟、張隆志

2010 《曹永和院士訪問紀錄》。臺北：中央研究院臺灣史研究所。

許雪姬

2011 《楊雲萍全集6：歷史之部（四）》。臺南：國立臺灣文學館。

王嵩山

2013 《博物館蒐藏學：探索物、秩序與意義的新思維》。臺北：原點出版。

張維斌

2015 《空襲福爾摩沙：二戰盟軍飛機攻擊台灣紀實》。臺北：
　　　前衛出版社。

鳳氣至純平

2020 《日治時期在臺日人的臺灣歷史像》。臺北：南天書局。

期刊論文

山中樵

1930 〈記念會雜感〉，《臺灣時報》（臺北）132：9-12。

村上直次郎

1930 〈臺灣文化三百年記念會に就いて〉，《臺灣時報》（臺
　　　北）132：6-9。

戴文河、王席珍

1931 〈行蹤〉，《詩報》（桃園）13：7。

野平八郎

1934 〈石馬發掘に就て〉，《臺灣教育》（臺北）378：137-139。

不著撰人

1937 〈會報〉，《科學の臺灣》（臺北），5(2)：22-23。

不著撰人

1937 〈彙報〉，《科學の臺灣》（臺北），5(5)：16-19。

齋藤悌亮

1938 〈臺南市歷史館〉,《科學の臺灣》(臺北)6(1/2):43-48。

不著撰人

1938 〈彙報〉,《科學の臺灣》(臺北),6(6):27-29。

石暘睢

1941 〈臺南に於ける寺廟の調度品〉,《民俗臺灣》(臺北)1(1):26-31。

石暘睢

1942 〈臺南古碑記〉,《民俗臺灣》(臺北)2(3):46-52。

石暘睢

1942 〈臺南の石敢當〉,《民俗臺灣》(臺北)2(5):43-47。

艋舺生、大安生

1942 〈編輯後記〉,《民俗臺灣》(臺北)2(7):48。

江家錦

1951 〈臺南先史遺物的考察〉,《臺南文化》(臺南)1(1):2-7。

黃典權

1952 〈夢蝶園主李茂春〉,《臺南文化》(臺南)2(1):53-57。

黃典權

1952 〈萬福庵遺事〉,《臺南文化》(臺南)2(2):30-38。

連景初

1952 〈許南英與許地山（上）〉，《臺南文化》（臺南）2(2)：62-64。

賴建銘

1952 〈臺灣民主國郵票〉，《臺南文化》（臺南）2(3)：34-46。

石暘睢

1953 〈臺灣道署考〉，《臺南文化》（臺南）2(4)：22-24。

連景初

1953 〈「顏墓」疑案〉，《臺南文化》（臺南）2(4)：44-46。

石暘睢

1953 〈臺灣明墓考〉，《臺南文化》（臺南）3(1)：25-28。

黃典權

1953 〈由蔣公子說到蔣允熹（上）〉，《臺南文化》（臺南）3(1)：67-71。

臺南市文獻委員會

1953 〈臺南市志凡例綱目〉，《臺南文化》（臺南）3(1)：72-74。

黃典權

1953 〈編後記〉，《臺南文化》（臺南）3(1)：封底。

吳新榮、石暘睢、莊松林、簡晉臣、蔡文祥、周逢雨

1953 〈採訪記（第一期）〉，《南瀛文獻》（臺南）1(1)：46-55。

連雅棠

1953 〈臺南古跡志〉,《臺南文化》(臺南)3(2):4-13。

莊松林

1953 〈臺灣的明墓雜考〉,《臺南文化》(臺南)3(2):44-55。

石暘睢

1953 〈先師聖像流傳臺郡考〉,《臺南文化》(臺南)3(2):56。

莊松林

1953 〈安平拾錦〉,《臺南文化》(臺南)3(3):14-18。

莊松林

1953 〈記鳳山縣頌德碑三件〉,《臺南文化》(臺南)3(3):53-54。

臺南市文獻委員會

1953 〈採訪記:安平區採訪初錄〉,《臺南文化》(臺南)3(3):55-62。

臺南市文獻委員會

1953 〈史料叢輯之二:藻臣遺錄〉,《臺南文化》(臺南)3(3):73-88。

顏興

1954 〈臺灣商業的由來與三郊〉,《臺南文化》(臺南)3(4):9-15。

石暘睢

1954 〈先高祖芝圃公行跡〉,《臺南文化》(臺南)3(4):38-42。

莊松林

1954 〈臺南古碑的片鱗〉,《臺南文化》(臺南)3(4):49-54。

臺南市文獻委員會

1954 〈採訪記〉,《臺南文化》(臺南)3(4):62-75。

臺南市文獻委員會編纂組

1954 〈採訪記〉,《臺南文化》(臺南)4(1):70-79。

臺南市文獻委員會

1954 〈凡例〉,《臺南文化》(臺南)4(2):VI。

臺南市文獻委員會

1954 〈區〉,《臺南文化》(臺南)4(2):1-4。

臺南市文獻委員會

1954 〈本會職員名錄〉,《臺南文化》(臺南)4(2):未編碼。

黃典權

1954 〈編後記〉,《臺南文化》(臺南)4(2):封底。

黃典權

1955 〈文獻紀盛〉,《臺南文化》(臺南)4(3):62-69。

臺南市文獻委員會

1955 〈史料叢輯之八：臺郡節孝局史料〉,《臺南文化》(臺南) 4(3)：115-124。

黃典權

1955 〈編者的話〉,《臺南文化》(臺南)4(3)：封底。

臺南市文獻委員會

1955 〈序〉,《臺南文化》(臺南)4(4)：II-III。

臺南市文獻委員會

1955 〈圖片〉,《臺南文化》(臺南)4（4）：5。

臺南市文獻委員會

1955 〈碑錄〉,《臺南文化》(臺南)4(4)：58-85。

臺南市文獻委員會

1955 〈說明：(丙)陶瓷〉,《臺南文化》(臺南)4(4)：89-92。

臺南市文獻委員會

1955 〈說明：(丁)石刻 附古玉〉,《臺南文化》(臺南)4(4)：92-102。

臺南市文獻委員會

1955 〈說明：(己) 文書〉,《臺南文化》(臺南)4(4)：105-108。

臺南市文獻委員會

1955 〈說明：（辛）貨幣 衡器附〉，《臺南文化》（臺南）4(4)：
109-112。

臺南市文獻委員會

1955 〈說明：（壬）兵器〉，《臺南文化》（臺南）4(4)：112-
113。

臺南市文獻委員會

1955 〈說明：（癸）其他〉，《臺南文化》（臺南）4(4)：113-
114。

黃典權

1955 〈編後記〉，《臺南文化》（臺南）4(4)：封底。

石暘睢、吳新榮、盧嘉興、莊松林、江家錦

1955 〈南縣古碑零拾（一）〉，《南瀛文獻》2(3/4)：124-130。

石暘睢

1956 〈臺南市中、東、南三區的匾聯〉，《臺南文化》（臺南）
5(2)：49-68。

莊松林

1957 〈臺南近十年來的考古工作概要〉，《臺北文物》（臺北）
6(2)：89-103。

莊松林

1958 〈臺南近十年來的考古工作概要（二）〉，《臺北文物》
（臺北）6(3)：101-114。

莊松林

1958 〈臺南近十年來的考古工作概要（三）〉，《臺北文物》
（臺北）6(4)：52-74。

臺南市文獻委員會編纂組

1958 〈採訪記〉，《臺南文化》（臺南）6(1)：111-120。

顏興

1958 〈遊廬山雜詠〉，《臺南文化》（臺南）6(2)：58-59。

臺南市文史協會

1960 〈發刊詞〉，《文史薈刊》（臺南）1：未編碼。

莊松林

1960 〈金門發現的南明碑碣二件〉，《文史薈刊》（臺南）2：
97-100。

石暘睢、莊松林、黃天橫

1960 〈臺灣歷史人物印存〉，《文史薈刊》（臺南）2：113-131。

石暘睢

1961 〈南明錢錄〉，《臺灣風物》（臺北）11(4)：46-47。

許丙丁、顏興、王鵬程、黃典權、高崇煦、賴建銘

1961 〈鹿耳門古港道里方位考〉，《臺南文化》（臺南）7(2)：
65-95。

江家錦

1962 〈古鹿耳門遺址之研究〉，《臺南文化》（臺南）7(3)：51-
58。

黃典權

1962 〈編者的話〉,《臺南文化》(臺南)7(3):封底。

石暘睢

1962 〈穎之退耕錄〉,《臺南文化》(臺南)7(3):80-82。

國分直一

1965 〈石暘睢先生的追憶〉,《南瀛文獻》(臺南)10:1-2。

方豪

1965 〈敬悼石暘睢先生〉,《南瀛文獻》(臺南)10:2-4。

李騰嶽

1965 〈在我記憶中的石暘睢先生〉,《南瀛文獻》(臺南)10:
5-6。

楊雲萍

1965 〈石暘睢先生的追憶〉,《南瀛文獻》(臺南)10:6-8。

吳守禮

1965 〈石暘睢兄與古本臺灣歌曲〉,《南瀛文獻》(臺南)10:
9-12。

王詩琅

1965 〈鄉土資料的活辭典〉,《南瀛文獻》(臺南)10:12-13。

廖漢臣

1965 〈學界的墊腳石—憶石暘睢兄〉,《南瀛文獻》(臺南)
10:13-15。

楊熾昌

1965 〈石暘睢先生兩三事〉,《南瀛文獻》(臺南)10：17-19。

黃天橫

1965 〈石暘睢先生之庋藏文獻與史料〉,《南瀛文獻》(臺南)
10：20-26。

盧嘉興

1965 〈文獻導師石暘睢先生〉,《南瀛文獻》(臺南)10：27-
28。

吳樹

1965 〈紀念石暘睢先生〉,《南瀛文獻》(臺南)10：28-29。

林鶴亭

1965 〈石暘睢先生事蹟〉,《南瀛文獻》(臺南)10：35-38。

江家錦

1965 〈追憶石先生並默禱皈道成仙〉,《南瀛文獻》(臺南)
10：38-40。

莊松林

1965 〈懷念石暘睢先生〉,《南瀛文獻》(臺南)10：41-46。

賴建銘

1965 〈石暘睢先生年表〉,《南瀛文獻》(臺南)10：47-49。

蔡和泉

1965 〈緬懷故友石暘睢先生〉,《南瀛文獻》(臺南)10: 55-56。

吳新榮

1965 〈跋〉,《南瀛文獻》(臺南)10:57-58。

莊松林

1966 〈臺灣民間的印章〉,《臺灣風物》(臺北)16(2):15-16。

莊松林

1966 〈隘門石額〉,《臺灣風物》(臺北)16(3):31-32。

莊松林

1967 〈祭祀物品簿〉,《臺灣風物》(臺北)17(1):70-71。

連景初

1968 〈暘睢先生的風義〉,《臺南文化》(臺南)8(3):46-47。

連景初

1969 〈甕城仁和門〉,《臺南文化》(臺南)9(1):46-47。

連景初

1969 〈張百萬富甲臺澎〉,《臺南文化》(臺南)9(1):71-73。

連景初

1969 〈紅羅罩的洪姓氏族〉,《臺南文化》(臺南)9(1):73-
75。

連景初

1969 〈開澎進士蔡廷蘭〉,《臺南文化》(臺南)9(1):75-76。

連景初

1969 〈鐘還彌陀寺〉,《臺南文化》(臺南)9(1):80。

許益超

1971 〈澎湖歷史風物的探討〉,《臺灣風物》(臺北)21(2):
23-34。

黃天橫

1977 〈「臺南市民族文物館」簡介〉,《臺南文化》(臺南)新
4:134-138。

黃天橫

1998 〈回首臺南市文史協會〉,《文史薈刊》(臺南)復3:2-4。

張隆志

2006 〈從「舊慣」到「民俗」:日本近代知識生產與殖民地臺
灣的文化政治〉,《臺灣文學研究集刊》(臺北)2:33-
58。

黃琪惠

2006 〈再現與改造歷史—1935年博覽會中的「台灣歷史
畫」〉,《國立臺灣大學美術史研究集刊》(臺北)20:
109-173。

許雪姬

2007 〈楊雲萍教授與臺灣史研究〉,《臺大歷史學報》(臺北)
39:1-75。

徐知誼

2015 〈古都行郊的故事〉,《TO GO 泛遊情報》2015(1):114。

陳偉智

2018 〈知識的接收：國分直一與戰後初期的臺灣研究〉，《臺大歷史學報》（臺北）61：97-157。

陳奮雄

2020 〈臺南市文史協會沿革與《文史薈刊》編輯出版〉，《文史薈刊》（臺南）復11：177-203。

陳奮雄

2020 〈臺南市文史協會重要記事〉，《文史薈刊》（臺南）復11：204-252。

陳怡宏

2021 〈近現代臺南鄉土研究的成立與變遷（1930-1960年代）〉，《歷史臺灣：國立臺灣歷史博物館館刊》（臺南）22：7-48。

專書論文

石暘睢

1954 〈臺灣的金石〉，收於林熊祥等著，《臺灣文化論集（三）》，頁433-438。臺北：中華文化出版事業委員會。

莊松林

1982 〈有關黃清淵先生二三事〉，收於臺南縣政府民政局編校，《南瀛雜俎》，頁90-96。臺南：臺南縣政府。

李威宜

2005 〈去殖民與冷戰初期臺灣博物館建制的國族想像(1945-1971)〉，收於王嵩山主編，《博物館、知識建構與現代性》，頁367-390。臺中：國立自然科學博物館。

吳密察

2008 〈《民俗臺灣》發刊的時代背景及其性質〉，收於吳密察策畫，石婉舜、柳書琴、許佩賢編，《帝國裡的「地方文化」皇民化時期臺灣文化狀況》，頁49-82。臺北：播種者。

周婉窈

2009 〈實學教育、鄉土愛與國家認同〉，收於氏著，《海行兮的年代：日本殖民統治末期臺灣史論集》，頁249-262。臺北：允晨出版社。

李威宜

2009 〈博物館想像的社會史：1960-1980臺灣小型博物館製作者與展示物的視覺想像與歷史敘事〉，收於王嵩山主編，《製作博物館》，頁59-96。臺中：國立自然科學博物館。

李威宜

2010 〈蒐藏的科學與政治：從博物館誌的多重書寫解讀臺灣戰後獨裁形成過程與科學的權力運作〉，收於王嵩山主編，《博物館蒐藏的文化與科學》，頁49-68。臺中：國立自然科學博物館。

齋藤悌亮

2013 〈臺南碑林〉，收於林佛兒主編，《臺灣風土第二冊：考古與原住民之部》，頁131。臺南：臺南市政府文化局。

莊松林

2013 〈臺南開山宮〉，收於林佛兒主編，《臺灣風土第四冊：漢詩與旅記雜文之部》，頁44-45。臺南：臺南市政府文化局。

許佩賢

2015 〈「愛鄉心」與「愛國心」的交錯〉，收於氏著，《殖民地臺灣近代教育的鏡像：一九三〇年代臺灣的教育與社會》，頁145-174。新北：衛城出版社。

研究報告

臧振華、陳仲玉、劉益昌

1994 《臺閩地區考古遺址：臺南縣市、高雄縣市、屏東縣》，內政部委託中央研究院歷史語言研究所之研究報告。

學位論文

戴文鋒
1999 〈日治晚期的民俗議題與臺灣民俗學—以《民俗臺灣》為分析場域〉。嘉義：國立中正大學歷史研究所博士論文。

李國玄
2006 〈日治時期臺灣近代博物學發展與文化資產保存運動之研究〉。桃園：中原大學建築研究所碩士論文。

沈芳如
2008 〈《臺南文化》與戰後臺南「府城」集體記憶的建構（1951-2001）〉。臺北：國立臺灣師範大學歷史研究所碩士論文。

黃懷賢
2012 〈臺灣傳統商業團體臺南三郊的轉變（1760-1940）〉。臺北：國立政治大學臺灣史研究所碩士論文。

劉宜旼
2014 〈史料與歷史文化的新展示：1930年台灣文化三百年祭史料展覽會〉。臺北：國立臺灣大學藝術史研究所碩士論文。

電子資源

- 「臺灣日記知識庫」（https://taco.ith.sinica.edu.tw/tdk/），中央研究院臺灣史研究所。
- 「海外歷史圖資徵集與典藏：古輿圖、舊地圖、老航照」（https://gis.rchss.sinica.edu.tw/GIArchive/?page_id=764），中央研究院人文社會科學研究中心地理資訊科學研究專題中心。
- 蔡文居，〈聚焦石時榮 重現古都行郊文化〉，《自由時報》（https://news.ltn.com.tw/news/local/paper/837327），查詢日期：2021年2月18日。

報紙資源

- 〈史上名人墓 陸續發見 經史料展努力搜羅〉，《臺灣日日新報》，1930年9月11日，版4。
- 〈臺灣文化三百年 記念史料展 蒐集資料不少〉，《臺南新報》，1930年10月16日，版6。
- 〈臺灣文化三百年紀念會開催について 會長 堀內林平〉，《臺南新報》，1930年10月18日，版3。
- 〈文化三百年記念 大眾史料展覽會 最有興趣且有意義 大有一觀價值〉，《臺灣日日新報》，1930年10月23日，版6。
- 〈赤崁流彈〉，《臺灣新民報》，1930年11月8日，版5。

- 〈臺南史料館開館　附寄不少 容漸充〉,《臺灣日日新報》,1931年6月19日,版5。
- 〈掘墓賊 自供約四十處〉,《臺灣日日新報》,1932年11月20日,夕版4。
- 〈夜な夜な畑を荒す墓前の大石馬と部落民に盜まれだ銀の首級〉,《臺南新報》,1933年11月15日,版8。
- 〈臺南市臺灣史料　籌建臺灣歷史館〉,《臺灣日日新報》,1935年12月3日,版12。
- 〈金屬回收令けふ實施　閣令公布、物件施設指定／回收物件及び施設指定規則〉,《臺灣日日新報》,1941年9月1日,版1。
- 〈『金屬回收』に協力　佛具賣つてお國へ　軍司令部で〝無名子やーい〟〉,《臺灣日日新報》,1941年10月7日,版3。
- 〈寺廟の釣鐘祭具類　今こそ〝奉公の時〟が來た　彰化市の金屬回收運動本格化〉,《臺灣日日新報》,1942年8月19日,版4。
- 〈釣鐘、胸像も運動に協力　基隆市の金屬回收運動〉,《臺灣日日新報》,1942年10月13日,版2。
- 〈臺南歷史館で林則徐の大印判など けふから特別展覽會〉,《臺灣日日新報》,1943年6月17日,版3。
- 〈滄海變桑田 遺跡猶宛然〉,《臺灣民聲日報》,1953年5月21日,版4。
- 〈南市文物珍品〉,《聯合報》,1954年11月22日,版次不詳。

- 〈臺灣的石刻和雕塑〉，《臺灣新生報》，1954 年 11 月 22 日，版次不詳。

- 〈崇高博大文采風流 介紹南嘉雲地區歷史文物展覽會〉，《中華日報》，1954 年 11 月 22 日，版次不詳。

- 〈全省文獻工作人員 昨在南市集會〉，《臺灣新生報》，1954 年 11 月 26 日，版次不詳。

- 〈南雲嘉文物展觀後〉，《聯合報》，時間、版次不詳。

- 〈臺南山野間 發現綠玉樹〉，《臺東新報》，1955 年 6 月 25 日，版 2。

- 連景初，〈八音齊名〉，《中華日報》，1956 年 7 月 24 日，版次不詳。

- 〈臺大神鷹大隊 在南市考古 獲得新發現〉，《中華日報》，1956 年 8 月 10 日，版次不詳。

- 〈鄭延平登陸地點的考證〉，《中華日報》，1956 年 8 月 22 日，版次不詳。

- 〈文史青年年會 蔣經國致詞〉，《聯合報》，1958 年 2 月 9 日，版 3。

- 〈「沉王於海」冤案昭雪 各界擬於魯王忌辰在鄭王祠舉行忌告〉，《中華日報》，1959 年 11 月 25 日，版次不詳。

- 〈鄭成功登陸地點南市又掀起爭執，林文漲昨記者招待會指責觀光指南錯誤百出〉，《臺灣民聲日報》，1962 年 6 月 10 日，版 5。

- 〈左鎮─史前史的寶庫〉，《中華日報》，1966 年 8 月 29 日，版次不詳。

- 〈本省同胞反對 結果停止標售〉,《中華日報》,1967年2月26日,版次不詳。
- 〈廿五年前舊事新談 南市大天后宮險遭拍賣厄運〉,《中華日報》,1967年2月26日,版次不詳。
- 〈悼新榮先生〉,《自立晚報》,1967年3月30日,版2。
- 〈玉井鄉竹圍橋北端 發現先民遺跡〉,《中華日報》,1968年8月22日,版次不詳。
- 〈陳春木珍藏化石 將捐贈省博物館〉,《中華日報》,1969年10月22日,版次不詳。
- 〈收藏古物的一大諷刺〉,《聯合報》,1970年5月22日,版次不詳。
- 〈祭孔大典二十八舉行〉,《聯合報》,1971年9月25日,版6。
- 〈古蹟週圍 違建林立碑碣塵封、落寞景象 陪客參觀、不禁自慚〉,《自立晚報》,1973年9月14日,版6。
- 〈阿三哥和破草鞋〉,《聯合報》,1977年8月22日,版9。
- 連景初,〈臺南市文史協會 於四日清明節上午 往祭掃明代古墓 以追懷先氏〉,《中華日報》,1988年4月4日,版次不詳。
- 〈臺灣素顏 從化石守護神春木伯談起〉,《聯合報》,1990年7月26日,版17。
- 〈石鼎美百年畫像 願贈市府典藏〉,《中華日報》,2001年5月5日,版23。
- 〈鄭成功文物館開放〉,《聯合報》,2003年12月22日,B2版。

- 修瑞瑩，〈潘思源出資 石鼎美古宅整修有望〉，《聯合報》，2014 年 12 月 8 日，版 b01。
- 〈菜寮溪中化石遍布 百萬年前麋鹿悠遊〉，《中華日報》，時間、版次不詳。
- 〈化石之家 琳瑯滿目〉，《中華日報》，時間、版次不詳。

史料、目錄與公報

- 〈石氏祠墳考（石鼎美家族）及木盒〉，國立臺灣歷史博物館典藏，典藏號：2013.004.0001。
- 〈石氏祠墳考木盒〉，國立臺灣歷史博物館典藏，典藏號：2013.004.0001.0001。
- 〈鄉試硃卷（石耀宗）〉，國立臺灣歷史博物館典藏，典藏號：2013.004.0002。
- 〈福建鄉試錄〉，國立臺灣歷史博物館典藏，典藏號：2013.004.0003。
- 《臺灣歷史館出品目錄》（1935）
- 《臺南市歷史館案內》，黃隆正先生提供。
- 《臺南市古碑陳列場案內》
- 《石暘睢留存本》，黃隆正先生提供。
- 《民國四十九年至五十二年來書信札》書信整理集，林錫田先生提供。
- 《臺灣文獻名人書畫展覽》，臺南市文史協會提供。

- 《紀念總統 蔣公逝世兩週年歷史文物展覽目錄》

- 「臺南市歷史文化協會章程」、「為本市現存明墓亟待維修以護古蹟」、「貴會函為本市現存明墓亟待維修以護古蹟，復如說明，請查照」，臺南市文史協會提供。

- 〈臺灣省文獻委員會公告為訂頒「臺灣省各縣市文獻委員會辦事細則準則」，希週知〉，《臺灣省政府公報》40(冬3)：45-47，1951年10月3日。

成為臺南：府城文史活字典石暘睢

作　　　者／謝仕淵
總 策 劃／謝仕淵
行政編輯／陳雍杰、李中慧、歐怡涵

出 版 者／臺南市政府文化局
地　　　址／708201 臺南市安平區永華路 2 段 6 號 13 樓
電　　　話／06-632-5865

編印發行／蔚藍文化出版股份有限公司
負 責 人／林宜澐
總 編 輯／廖志墭
地　　　址／110408 臺北市信義區基隆路一段 176 號 5 樓之 1
電　　　話／02-2243-1897

總 經 銷／大和書報圖書股份有限公司
地　　　址／248020 新北市新莊區五工五路 2 號
電　　　話／02-8990-2588

印　　　刷／世和印製企業有限公司
初版一刷／2023 年 11 月
定　　　價／新臺幣 450 元

ISBN：978-626-7339-34-3
GPN：1011201334
分類號：R044
局總號：2023-731

國家圖書館出版品預行編目（CIP）資料

成為臺南：府城文史活字典石暘睢／謝仕淵著 . --
初版 . -- 臺南市：臺南市政府文化局；臺北市：蔚
藍文化出版股份有限公司 , 2023.11
　面；　公分
ISBN 978-626-7339-34-3（平裝）
1.CST：石暘睢　2.CST：傳記　3.CST：文化資產

783.3886　　　　　　　　　112017016